Geografia da população

Geografia da população

Wiviany Mattozo de Araujo
Bruna Daniela de Araujo Taveira
Thiago Kich Fogaça

2ª edição

Rua Clara Vendramin, 58 . Mossunguê . CEP 81200-170 . Curitiba . PR . Brasil
Fone: (41) 2106-4170 . www.intersaberes.com . editora@intersaberes.com

Conselho editorial	Capa
Dr. Alexandre Coutinho Pagliarini	Sílvio Gabriel Spannenberg (*design*)
Dr ª Elena Godoy	vinap/Shutterstock (imagem)
Dr. Neri dos Santos	Projeto gráfico
M ª Maria Lúcia Prado Sabatella	Mayra Yoshizawa (*design*)
Editora-chefe	ildogesto e Itan1409/Shutterstock
Lindsay Azambuja	(imagens)
Gerente editorial	Diagramação
Ariadne Nunes Wenger	Conduta Design
Assistente editorial	Iconografia
Daniela Viroli Pereira Pinto	Regina Claudia Cruz Prestes
Edição de texto	
Monique Francis Fagundes Gonçalves	

1ª edição, 2016.
2ª edição, 2024.

Foi feito o depósito legal.

Informamos que é de inteira responsabilidade dos autores a emissão de conceitos.

Nenhuma parte desta publicação poderá ser reproduzida por qualquer meio ou forma sem a prévia autorização da Editora InterSaberes.

A violação dos direitos autorais é crime estabelecido na Lei n. 9.610/1998 e punido pelo art. 184 do Código Penal.

Dados Internacionais de Catalogação na Publicação (CIP)
(Câmara Brasileira do Livro, SP, Brasil)

Araujo, Wiviany Mattozo de
   Geografia da população / Wiviany Mattozo de Araujo, Bruna Daniela de Araujo Taveira, Thiago Kich Fogaça. -- 2. ed. -- Curitiba, PR : InterSaberes, 2024.

   Bibliografia.
   ISBN 978-85-227-0875-8

   1. Demografia 2. Geografia da população 3. Política populacional I. Taveira, Bruna Daniela de Araujo. II. Fogaça, Thiago Kich. III. Título.

23-177172   CDD-304.6

Índices para catálogo sistemático:
1. Geografia da população   304.6

Cibele Maria Dias – Bibliotecária – CRB-8/9427

Sumário

Apresentação | 7
Como aproveitar ao máximo este livro | 9

1. Fundamentos da geografia da população | 13
   1.1 O que é população? | 15
   1.2 População: da Antiguidade aos dias atuais | 17
   1.3 Objetivos e conceitos demográficos para estudar a população | 24

2. Crescimento demográfico e estrutura da população | 53
   2.1 Fases do crescimento demográfico | 56
   2.2 Estrutura da população etária e ocupacional | 58
   2.3 Pirâmide etária | 60
   2.4 Estrutura ocupacional | 64
   2.5 Teorias demográficas | 65

3. Dinâmicas demográficas e políticas populacionais | 89
   3.1 Políticas populacionais: conceitos | 91
   3.2 Crescimento populacional: abordagem política | 98
   3.3 Políticas de população no âmbito mundial | 100
   3.4 Taxas de mortalidade no Brasil e no mundo | 109
   3.5 Políticas populacionais na América Latina e no Brasil | 111

4. Movimentos migratórios internacionais e nacionais | 121
   4.1 Fatores que impulsionam os movimentos populacionais | 126

4.2 Movimentos migratórios internacionais | 128
4.3 Movimentos migratórios nacionais | 135

5. População e meio ambiente: conflitos socioambientais | 149
   5.1 Projeções populacionais e modelos estatísticos | 155
   5.2 População e meio ambiente no mundo e no Brasil | 160

Considerações finais | 187
Referências | 189
Bibliografia comentada | 201
Respostas | 203
Sobre os autores | 211

Apresentação

Este livro é direcionado a você, estudante de geografia, e foi produzido com base não apenas em bibliografias voltadas à geografia da população, mas também em outras áreas das ciências humanas, com o propósito de enriquecer o conteúdo e estabelecer o diálogo entre as diversas áreas do conhecimento. Ao escrevê-lo, preocupamo-nos em relacionar conteúdos de diversas fontes, para que você possa fazer uma leitura proveitosa e agradável, ampliando seus conhecimentos sobre população de acordo com uma perspectiva geográfica. A cada capítulo, você encontrará indicações de *sites*, filmes e documentários relacionados aos temas para complementar seu aprendizado. Além disso, ao final dos capítulos, propomos questões para a fixação do conteúdo.

O estudo da geografia da população é relevante porque as dinâmicas populacionais exercem grande influência na nossa sociedade e na transformação do espaço geográfico. Como exemplo, podemos citar os **fluxos de pessoas, por meio dos quais as sociedades se modificam nos aspectos social, econômico e cultural**. Outro exemplo é a forma com que o crescimento populacional de determinado limite territorial, que pode ser um país ou uma cidade, influencia a organização e a estrutura urbano-rural na demanda por serviços e recursos, entre outros aspectos. Assim, o entendimento da relação de transformação que a população exerce no espaço geográfico é de suma importância, pois estudos nessa área, juntamente com estudos da demografia e de outras áreas afins, dão subsídio a possíveis medidas que podem ser aplicadas para a melhoria da sociedade como um todo.

Dessa forma, este livro é uma ferramenta para que você compreenda o que é a população, como ela se organiza no espaço e quais são as teorias e os métodos desenvolvidos para estudá-la. Também possibilitamos, aqui, que você reflita e faça análises críticas relativas a essa temática e à sua importância na nossa sociedade.

Para isso, organizamos o livro em cinco capítulos. **No primeiro capítulo**, abordamos a população por meio de um contexto histórico, além de trazer conceitos importantes para o entendimento do tema como um todo, tais como: natalidade, mortalidade, população absoluta, densidade demográfica, entre outros.

No segundo capítulo, apresentamos algumas considerações a respeito do crescimento demográfico e da estrutura da população e também analisamos as principais teorias demográficas desenvolvidas até hoje.

No terceiro capítulo, aprofundamos o assunto das dinâmicas demográficas, procurando entender como as políticas públicas relacionadas à população interferem nessas dinâmicas em escala global e nacional.

No quarto capítulo, tratamos especificamente de fluxos de pessoas, ou seja, dos conceitos de migrante e as formas de migração, atentando também para uma visão política do caso, tendo em vista a importância desse tema na atualidade.

Finalmente, **no quinto capítulo**, exploramos a temática da geografia da população atrelada ao meio ambiente, trazendo conceitos e temas relevantes para os problemas atuais em relação à população e ao meio ambiente.

Temos certeza de que, ao término deste livro, você poderá fazer uma leitura crítica a respeito deste tema complexo que é a geografia da população, podendo relacionar o conhecimento obtido com o material e suas aulas à realidade em que está inserido. Além disso, esperamos que esta obra incite a sua curiosidade sobre o tema, para que você possa continuar estudando e aprimorando seus conhecimentos.

Como aproveitar ao máximo este livro

Este livro traz alguns recursos que visam enriquecer o seu aprendizado, facilitar a compreensão dos conteúdos e tornar a leitura mais dinâmica. São ferramentas projetadas de acordo com a natureza dos temas que vamos examinar. Veja a seguir como esses recursos se encontram distribuídos na obra.

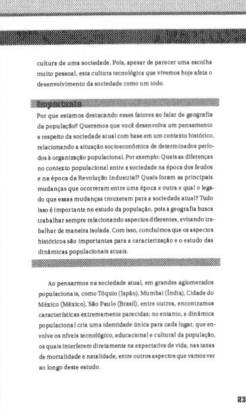

Importante
Algumas das informações mais importantes da obra aparecem nestes boxes. Aproveite para fazer sua própria reflexão sobre os conteúdos apresentados.

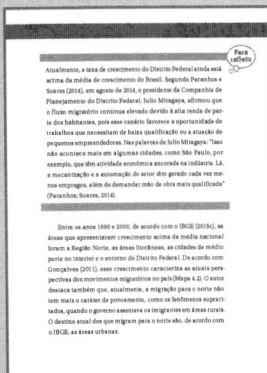

Para refletir
Aqui você encontra reflexões que fazem um convite à leitura, acompanhadas de uma análise sobre o assunto.

Estudo de caso

Esta seção traz ao seu conhecimento situações que vão aproximar os conteúdos estudados de sua prática profissional.

Síntese

Você conta, nesta seção, com um recurso que o instigará a fazer uma reflexão sobre os conteúdos estudados, de modo a contribuir para que as conclusões a que você chegou sejam reafirmadas ou redefinidas.

Indicações culturais

Ao final do capítulo, os autores oferecem algumas indicações de livros, filmes ou *sites* que podem ajudá-lo a refletir sobre os conteúdos estudados e permitir o aprofundamento em seu processo de aprendizagem.

Atividades de autoavaliação

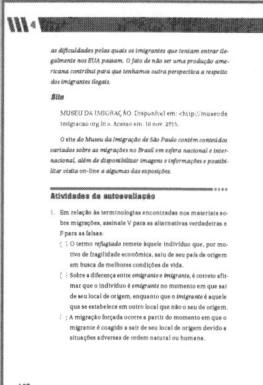

Com estas atividades, você tem a possibilidade de rever os principais conceitos analisados. Ao final do livro, os autores disponibilizam as respostas às questões, a fim de que você possa verificar como está sua aprendizagem.

Atividades de aprendizagem

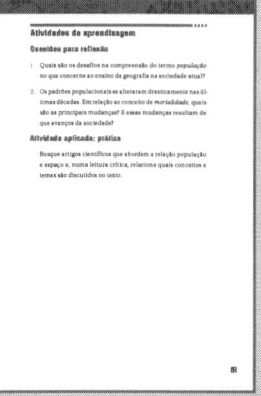

Nesta seção, a proposta é levá-lo a refletir criticamente sobre alguns assuntos e a trocar ideias e experiências com seus pares.

Bibliografia comentada

Nesta seção, você encontra comentários acerca de algumas obras de referência para o estudo dos temas examinados.

I
Fundamentos da geografia da população

Ao estudarmos a população, é necessário que a noção básica desse conceito nos venha à cabeça. Para isso, precisamos entender que *população* **é um conjunto de habitantes em um dado lugar num certo tempo**: essa é a premissa inicial. Entretanto, nossa análise deve ir além da simplicidade e do senso comum, pois as relações humanas podem ser consideradas um fenômeno complexo no conjunto espaço-tempo. Portanto, inicialmente, devemos compreender que pensar em população é pensar em unidade na diversidade, pois uma população é composta por indivíduos que possuem características próprias, mas que, em grupos, trazem uniformidade para o conjunto populacional. O conceito de *população* é inseparável do espaço geográfico, pois tanto os indivíduos quanto os fatos demográficos são localizados espacialmente e normalmente se distribuem de maneira heterogênea (Welti, 1998).

1.1 O que é população?

Entender o que é população exige que busquemos inúmeras variáveis para pensar neste conjunto de grande diversidade. Podemos ressaltar diferenças com base na definição das classes sociais, da expectativa de vida, do número de nascimentos, das idades, das relações de trabalho, entre outros aspectos relevantes que distinguem as populações. Assim, o estudo da população possibilita uma abordagem interdisciplinar e que permeia diversas áreas do conhecimento.

Entre os aspectos múltiplos que caracterizam a população, podemos relacionar questões de gênero, de faixa etária, de estrutura, étnicas, culturais, sociais, entre outras. Cabe ressaltar que tanto os aspectos biológicos quanto os aspectos socioculturais são importantes no estudo desse conceito, pois são aspectos-chave da diversidade humana.

1.1.1 Demografia

A ciência que estuda especificamente as populações humanas é a **demografia**, que tem por objetivo a análise de variáveis, como o tamanho, a distribuição espacial, a estrutura e a composição das populações (Cerqueira; Givisiez, 2004). Devemos ressaltar que, como o próprio nome diz, essas variáveis não são estáticas: elas mudam em relação umas às outras.

Como já abordamos, o estudo da população se preocupa com vários fatores além dos aspectos mais óbvios, como o tamanho e a localização geográfica. Mas é certo que fenômenos que afetam direta ou indiretamente uma população, como fecundidade, expectativa de vida e fenômenos migratórios, também merecem nossa atenção. Cada um desses elementos pode ser analisado separadamente, mas não podemos esquecer de que, no estudo da população, os fenômenos encontram-se intimamente interligados, então, quando há alterações significativas em um deles, os demais também são afetados.

Por exemplo, quando ocorre uma diminuição significativa na taxa de natalidade durante um período de tempo, haverá alteração na pirâmide etária da população no futuro: com um menor número de nascimentos, a quantidade de pessoas adultas e idosas tende a se tornar maior em relação à quantidade de crianças e jovens.

Grande parte dos estudos de população inicia com levantamentos da composição da população por gênero e idade, estado civil, atividades econômicas, condições de moradia, entre outros aspectos. No Brasil, um exemplo desse tipo de levantamento é o Censo Demográfico, realizado pelo Instituto Brasileiro de

Geografia e Estatística (IBGE), que influencia diretamente as relações sociais da população e seu desenvolvimento econômico, pois possibilita compreender as dinâmicas em diferentes funções, como migrações, crescimento populacional, taxas de natalidade e de fecundidade, entre outras. Nesse contexto, há dados que merecem destaque e que estão relacionados a características de natureza socioeconômica, como os já citados estado civil, atividades econômicas e condições de moradia.

Para a demografia, há dois modos principais de tratar os dados de população: estático e dinâmico. Os aspectos estáticos estão relacionados ao tamanho e à composição de uma população; já os aspectos dinâmicos envolvem variáveis demográficas básicas que são suscetíveis a mudanças e relações mútuas que conferem multiplicidade aos resultados, como as taxas de mortalidade, nascimento, migração, entre outras.

1.2 População: da Antiguidade aos dias atuais

A preocupação com questões relacionadas à população vem desde o início da formação das sociedades, com a organização da humanidade em grupos, de acordo com suas necessidades essenciais, como a proximidade às fontes de água e de alimento, o que possibilitava a sobrevivência e o desenvolvimento desses grupos.

Há registros de filósofos gregos, como Platão (427 a.C.-347 a.C.) e Aristóteles (348 a.C.-222 a.C.), que apontavam que o aumento da população assegurava o território, considerando a defesa e a segurança. Para eles, o tamanho e a distribuição da população eram elementos essenciais para que os fundamentos das cidades-estado pudessem ser realizados. O incentivo a esse aumento da população, por sua vez, era controlado pela natalidade e pensado para que as migrações fossem direcionadas para áreas subpovoadas do território.

Avançando no tempo, com os romanos, a partir da expansão de seu império, as condições passaram a ser favoráveis ao crescimento da população, principalmente para a ocupação e a exploração de território e para o reforço das questões militares. Nesse contexto, por exemplo, está a cidade de Roma, a qual, estima-se, foi a maior cidade da Antiguidade.

Podemos perceber a importância notória dos estudos da população e da demografia ao nos remetermos a registros de censos populacionais do século I, quando, a fim de administrar os recursos do império, surgiu a necessidade de um método que possibilitasse a otimização da gestão dos recursos, e o primeiro passo para isso foi conhecer o tamanho e a estrutura da população (Nicolet, 1991).

As estimativas da época, apresentadas em estudos atuais, como os realizados por Scheidel (2006), apontam que a população do império romano cresceu em ritmo acelerado, aumentando em dez vezes o seu tamanho entre os anos 114 a.C. e 28 d.C. Uma hipótese que pode ser colocada para justificar esse crescimento incomum é a emancipação dos aliados e dos moradores do norte da Itália, que, ao migrarem para Roma, entraram nas estimativas, aumentando consideravelmente a população na região.

Esse estudo sobre o aumento da população na Roma Antiga é um importante indicativo da relevância dos registros para os estudos demográficos e populacionais; além disso, aponta para um primeiro sinal de como as migrações podem alterar a estrutura da população de determinado local (tanto o local de saída quanto o de chegada).

Após a ascensão, houve a queda do Império Romano. A partir daí, outro momento se estabeleceu: o período Medieval, entre o final do século III e o início do século IV, no qual houve a formação da sociedade feudal, que se constituiu com base na agricultura de subsistência. Na sociedade feudal, a unidade de divisão territorial era o feudo (propriedade agrícola), dentro do qual vivia a maior parte da população (Huizinga, 2010).

Dentro do sistema feudal, as possibilidades de mudança de grupo social eram restritas e havia o estímulo à expansão populacional. Devemos observar que, nesse momento, a população dividia-se da seguinte forma:

» **Clero**: Conjunto de sacerdotes e ministros religiosos.
» **Nobres/aristocratas**: Proprietários das terras.
» **Servos**: Camponeses/trabalhadores rurais, que eram a maior parte da população. Eles viviam nas terras nas quais trabalhavam, contudo, não eram proprietários delas; em troca de seu trabalho, recebiam alimento e moradia, pois, na época, não havia remuneração monetária e o escambo era o principal meio de obtenção de alimentos e bens (Huizinga, 2010).

Esse modelo de sociedade ocidental entrou em declínio e, com o sistema feudal em crise, as relações socioespaciais se alteraram, dando oportunidade para que as relações comerciais aflorassem. Esse período ficou conhecido como *mercantilismo*, quando se iniciaram as bases do capitalismo. Também foi nesse momento que a instituição Igreja perdeu um pouco de sua força e que o poder do Estado entrou em ascensão. A partir de então, o Estado passou a exercer poder sobre as relações econômicas e maior influência sobre a dinâmica populacional.

Muitos teóricos dizem que foi nesse momento que surgiu o que podemos chamar de *modernidade*, pois, com a evolução do sistema econômico e das cidades, a população foi adquirindo importância nas análises técnico-científico-sociais. Já no século XVIII, a relevância da modernidade foi extrema, sobretudo no que se refere ao florescimento das ciências modernas que hoje conhecemos, inclusive a geografia, e isso fez com que as análises sobre a população ganhassem destaque e importância, principalmente em relação ao meio de subsistência disponível, ao crescimento e à distribuição espacial.

Com o avanço da modernidade, a relação entre a humanidade e a natureza (um dos principais objetos de estudo da ciência geográfica) evoluiu e mudou. A visão romântica do dualismo, que considera a humanidade como elemento natural, deu lugar à visão dicotômica, na qual o ser humano exerce determinado poder sobre a natureza, distanciando-se dela na sua essência. De acordo com Moreira (2006), foi nesse contexto que surgiu a sociedade transformada em estatística, com relação à produção e ao consumo, e a natureza passou a ser vista como um estoque de recursos. Podemos dizer que o homem estatístico dos tempos modernos emergiu nos processos migratórios, na sua forma de distribuição pela superfície terrestre, na composição por idade e sexo, nos critérios para o mercado de trabalho, entre outros, em que homem e natureza se mesclam na forma de uso, como mão de obra e exploração.

As considerações a respeito dessa visão moderna de sociedade nos possibilitam pensar sobre os estudos de população. Na demografia, por exemplo, a humanidade é primeiramente vista sob a perspectiva da estatística. Contudo, os estudos de população buscam ir além do aspecto apenas quantitativo, desenvolvendo teorias que relacionam o contexto histórico e geográfico às dinâmicas demográficas, a fim de contribuir para a evolução científica e social.

No século XIX, com a Revolução Industrial, ocorreram mudanças profundas na sociedade, de ordem institucional, política, social e cultural. Uma delas foi a transformação na forma de trabalho. O trabalho na indústria alterou toda a forma de produção e consumo na época, primeiramente na Inglaterra, depois ao redor da Europa e, posteriormente, em todo o Ocidente. A industrialização modificou também a ocupação e as paisagens urbanas, tornando a população das cidades mais densa.

Com a Revolução Industrial, Moreira (2006) destaca que surgiram necessidades forjadas com o objetivo de aumentar o consumo de produtos industrializados, pois o consumo de novos produtos e a criação de novas necessidades para antigas práticas estão vinculados às facilidades da vida moderna, que trazem conforto para o ser humano que dedica horas do seu dia a dia exercendo atividades de trabalho. Assim, esse homem moderno se reinventou, de modo individualizado, com uma grande evolução de conhecimento e com o aprimoramento de técnicas cada vez mais avançadas.

Com isso, estamos dizendo que, com a Revolução Industrial, a sociedade passou por mudanças e evoluiu de maneira significativa até se caracterizar como a que conhecemos hoje. Ela acarretou um avanço imenso na tecnologia de transportes, na comunicação, na geração de energia, bem como ocasionou uma grande mudança na economia com a expansão do capitalismo. Contudo, também teve seu aspecto negativo, com jornadas de trabalho muito longas, péssimas condições para os trabalhadores, superlotação das cidades e pouca infraestrutura.

É preciso pensar em como esse cenário evoluiu para a indústria da sociedade contemporânea, ou a chamada *segunda Revolução Industrial*, principalmente em países em desenvolvimento, nos quais a economia não é bem consolidada e existem grandes problemas de desigualdade. Ao analisarmos a evolução da população, em seus aspectos social e econômico, cabe ressaltar que as mudanças são naturais e gradativas; se a perspectiva inicial sobre a industrialização era a abundância de empregos, sabemos que, hoje, a falta de mão de obra qualificada é um grave problema, assim como o fato de que a evolução tecnológica não abrange toda a população, mas sim uma parcela que, de maneira geral, concentra-se em áreas mais desenvolvidas do globo.

Há que se pensar que a era da industrialização nos deixou um legado: as máquinas. Apesar de terem mudado significativamente em sua forma estética e evoluído em termos tecnológicos, desde o século XVIII, tornamo-nos, de certa forma, dependentes dessas ferramentas que nos facilitam o dia a dia. Moreira (2006) caracteriza a população do século XVIII até a atualidade como sendo das máquinas, tempo do relógio e da produtividade, quando o homem vive o conflito entre a natureza e sua exploração, com o incentivo cada vez maior ao consumo.

Podemos facilmente perceber ao nosso redor quantas máquinas estão em funcionamento. Nossas casas, ambientes de trabalho e de estudos estão cheios de invenções que facilitam as tarefas diárias. O advento das máquinas modificou culturalmente a população. Pense, por exemplo, como seria para você estudar geografia sem o acesso ao computador? Como seria preparar uma aula para seus alunos, buscar informações sobre filmes ou materiais sem a internet? Parece impossível, não é mesmo? Porém, até que ponto as máquinas são vantajosas para nossas vidas? Precisamos refletir sobre como a tecnologia disponível afeta a população, positiva e negativamente, e de que forma o fácil acesso à informação, a disponibilidade de tecnologia, as opções culturais oferecidas pela internet e pela televisão estão modificando a cultura de uma sociedade. Pois, apesar de parecer uma escolha muito pessoal, esta cultura tecnológica que vivemos hoje afeta o desenvolvimento da sociedade como um todo.

Importante

Por que estamos destacando esses fatores ao falar de geografia da população? Queremos que você desenvolva um pensamento a respeito da sociedade atual com base em um contexto histórico, relacionando a situação socioeconômica de determinados períodos à organização populacional. Por exemplo: Quais as diferenças no contexto populacional entre a sociedade na época dos feudos e na época da Revolução Industrial? Quais foram as principais mudanças que ocorreram entre uma época e outra e qual o legado que essas mudanças trouxeram para a sociedade atual? Tudo isso é importante no estudo da população, pois a geografia busca trabalhar sempre relacionando aspectos diferentes, evitando trabalhar de maneira isolada. Com isso, concluímos que os aspectos históricos são importantes para a caracterização e o estudo das dinâmicas populacionais atuais.

Ao pensarmos na sociedade atual, em grandes aglomerados populacionais, como Tóquio (Japão), Mumbai (Índia), Cidade do México (México), São Paulo (Brasil), entre outros, encontramos características extremamente parecidas; no entanto, a dinâmica populacional cria uma identidade única para cada lugar, que envolve os níveis tecnológico, educacional e cultural da população, os quais interferem diretamente na expectativa de vida, nas taxas de mortalidade e natalidade, entre outros aspectos que vamos ver ao longo deste estudo.

Figura 1.1 - Pessoas atravessando o cruzamento em Shibuya, Tokyo, Japão

Sean Pavone/Shutterstock

> É importante lembrarmos, então, que a preocupação com a dinâmica populacional vem desde a Antiguidade, principalmente em relação ao crescimento, à manutenção e à mobilidade da população, sendo que a relação população – espaço geográfico é o enfoque inicial das análises. Posteriormente, com a evolução da sociedade, houve a ampliação da complexidade desses estudos.

1.3 Objetivos e conceitos demográficos para estudar a população

George (1979, p. 7) explicita o crescimento, uma das mudanças mais relevantes acerca do estudo das populações, da seguinte forma:

Duzentos e cinquenta milhões de habitantes na época da Antiguidade Clássica, meio bilhão pelos meados do século XVII, um bilhão em 1850, dois bilhões em 1940, mais quatro bilhões antes de 1980 [...] e sem dúvida, oito bilhões antes do fim do século.

Nesse sentido, sobre a dinâmica da população, devemos pensar que as relações são mutáveis e que variam de acordo com o contexto do grupo populacional e também da época vivida.

1.3.1 Para fixar o conceito

Ao estudarmos a geografia da população, temos de esclarecer o objetivo desse ramo da ciência: **identificar e analisar fenômenos que acontecem e se reproduzem no espaço geográfico, visando entender como eles afetam as relações na complexidade da sociedade e dos diversos grupos populacionais.**

Trata-se do estudo do perfil e do padrão de comportamento de uma população. Esses levantamentos de dados e análises dos mais variados perfis populacionais são importantes para que políticas públicas sejam criadas e melhor aplicadas, buscando o benefício e a qualidade de vida das populações.

As pesquisas dessa área exercem o papel fundamental de interpretar quantitativa e qualitativamente os dados, permitindo que o crescimento demográfico seja analisado e comparado às teorias demográficas, como as que serão apresentadas no capítulo seguinte. Para George (1979), a explosão demográfica dos dias atuais em alguns locais merece atenção, bem como não condiz com as previsões das ditas teorias.

· Para entendermos esse discurso inicial, é preciso conhecermos os conceitos demográficos fundamentais, para que, então, possamos compreender as análises da **geografia da população**. Além disso, esses conceitos são importantes para que você possa utilizar a informação em seu cotidiano, relacionando-a com a realidade em que vive. Essa vivência, por sua vez, é importante para a fixação do conteúdo e para que você possa transmitir sua experiência e seu conhecimento aos seus futuros alunos. Assim, a seguir, vamos estudar os conceitos básicos de demografia e os termos mais recorrentes e importantes, como: *população absoluta, crescimento populacional, fecundidade, natalidade*, entre outros; os exemplos serão feitos com dados reais e de forma simples e objetiva.

1.3.1.1 Principais termos usados nos estudos demográficos

Antes de prosseguirmos com os conceitos, apresentamos alguns termos que são amplamente utilizados na análise dos fenômenos em demografia, principalmente relacionados a medidas e que possibilitam a universalização dos dados:

» **Taxa**: Representa o volume de um dado específico em uma determinada população ou grupo num período de tempo. Como exemplo, temos as taxas de natalidade e de mortalidade, entre outras. Em outro momento, o termo *taxa* pode representar a soma do crescimento populacional.

» **Razão**: É a relação entre diferentes valores, como a diferença da quantidade de população entre homens e mulheres, a diferença entre as faixas etárias, entre outras.

» **Proporção**: É a grandeza de um determinado dado que é originado do mesmo grupo populacional em relação ao seu total. Por exemplo, a proporção de crianças de 0 a 4 anos em relação ao total da população.

» **Idade**: Corresponde à faixa etária dos indivíduos da população. A idade pode ser definida por ano, mês e dia. Nos levantamentos de dados e para algumas análises, é comum a formação de grupos etários que funcionam como agrupamentos de classes para que a dinâmica populacional possa ser mais facilmente interpretada, como a faixa etária entre 30 e 34 anos completos.

A padronização desses termos permite que, ao lermos um artigo científico ou outro material relacionado ao assunto, possamos compreender em sua totalidade as análises realizadas com os dados escolhidos, levando em consideração a finalidade da publicação; esse fato pode ser evidenciado pela influência de interesses midiáticos e/ou ideológicos.

Outra questão-chave quanto à dinâmica populacional está relacionada aos valores de seu denominador, pois a cada hora ocorrem nascimentos, mortes e processos migratórios. Para Cerqueira e Givisiez (2004), justifica-se a utilização da contagem da população por ano, ou população/ano, e da população contada ou estimada no meio do ano, supondo que haja uniformidade na ocorrência de nascimentos e mortes. Os autores ainda explicam:

> no cálculo de taxas e indicadores de fenômenos demográficos relativos a um ano calendário, ou seja, de 1º de janeiro a 31 de dezembro, uma preocupação fundamental é definir qual população incluir no denominador, uma vez que a população muda todo tempo. A rigor, o denominador deveria conter o número de pessoas-ano, que corresponde à soma dos tempos vividos (em anos) por cada [sic] componente da população. Entretanto, este conceito é de difícil operacionalização. Como uma aproximação

do conceito de pessoas-ano, toma-se a população em um determinado momento do ano. Caso se considere a população no início do ano, nela não estará incluída as pessoas que nascem durante o ano. Por outro lado, aquelas pessoas que estão vivas no início do ano e que virão a falecer durante o ano não devem entrar com o mesmo peso do que as que sobreviverão até o final do período. Se for considerada a população no final do ano, nela não estarão incluídas as pessoas que falecerem durante o ano e, por outro lado, estarão totalmente incluídas as pessoas que nasceram em diferentes momentos durante o ano e que não estiveram todo tempo expostas ao risco de morrer. (Cerqueira; Givisiez, 2004, p. 17)

Com base nessas informações, podemos perceber que uma escolha que parte do pesquisador deve ser amadurecida, pois suas escolhas influenciam os resultados. Ou seja, é dado à pesquisa um caráter subjetivo, em que os métodos e conceitos adotados pelo pesquisador devem ser justificados e especificados, contribuindo, dessa forma, para a área de estudo.

I.3.2 População absoluta e densidade demográfica

A seguir, vamos apresentar conceitos utilizados em demografia e também alguns exemplos, para que, ao longo da leitura, possamos visualizar tais dados e configurações da população na prática.

Iniciamos com o conceito de *população absoluta*. Esse termo designa o número **total de habitantes** de um determinado lugar e também pode ser definido como uma *população fixa*, ou seja, que tem suas casas ou moradias fixas em um lugar. A seguir, como exemplo, observe a tabela que apresenta a população absoluta de vários países do mundo.

Tabela 1.1 - População absoluta de países populosos

País	População absoluta
China	1.353.600.687
Índia	1.258.350.971
EUA[i]	315.791.284
Indonésia	244.769.110
Brasil	198.360.943
Paquistão	164.000.000
Rússia	142.703.181
Japão	126.434.653

Fonte: IBGE, 2015c.

Agora, reflita: Qual é a área desses países? Será que a população está adensada numa parte do território ou ocupa o território inteiro?

Ao abordarmos o tamanho de uma população, ou seja, a quantidade de habitantes que possui, utilizamos os termos *populoso* e *pouco populoso*. Dizemos que um local (país, cidade, continente) é *populoso* quando as pessoas ocupam todo o território em que estão inseridas, como o leste asiático, o leste da China, o norte da Índia, o nordeste dos EUA e o Japão. Na situação oposta, temos regiões pouco populosas, como Amazônia, Patagônia, Sibéria, entre outras, denominadas também de *vazios demográficos*.

i. Estados Unidos da América.

Mapa 1.1 - População absoluta mundial

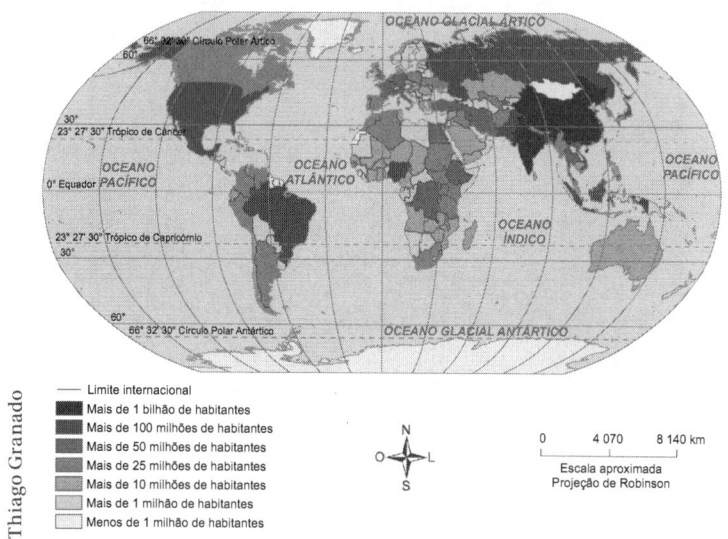

Fonte: Elaborado com base em The Human Journey, 2016.

No Mapa 1.1, podemos verificar que, entre os continentes, o asiático é o que concentra o maior número de habitantes, abrangendo mais da metade de toda a população do mundo. Somando a população da China e da Índia, por exemplo, temos, aproximadamente, 35% da população mundial.

Ao pensarmos nesse conceito para o nosso país, podemos observar que o Brasil tem uma população absoluta alta, sendo um dos países mais populosos do mundo. No entanto, seu vasto território faz com que existam grandes vazios demográficos. Analise a situação no Mapa 1.2.

Mapa 1.2 - População absoluta do Brasil

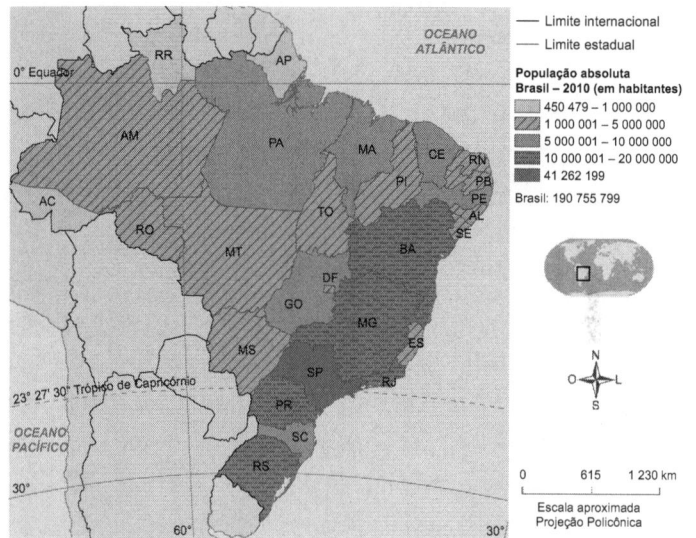

Fonte: IBGE, 2015b.

Assim, chegamos aos termos *população relativa* ou *densidade demográfica*, que correspondem à **média de habitantes** por quilômetros quadrados (hab/km²). Quando um determinado território tem elevada densidade demográfica, dizemos que ele é *densamente povoado*; quando tem baixa densidade demográfica, dizemos que é *fracamente povoado*. Na Tabela 1.2, podemos observar a variação da densidade demográfica de alguns países, mas esse conceito se aplica a qualquer unidade territorial.

Tabela 1.2 - Variação da densidade demográfica

País	Densidade demográfica
Holanda	402 hab/km²
Brasil	23 hab/km²
Bangladesh	1.063 hab/km²
Canadá	3,02 hab/km²

Fonte: IBGE, 2015c.

As regiões densamente povoadas, como o delta do rio Ganges na Índia, o leste da China, a Europa como um todo e o Japão, podem ser observadas no Mapa 1.3, que mostra que as áreas de concentração de pontos representam o adensamento populacional. Por outro lado, é possível ver as regiões fracamente povoadas, como Canadá, Austrália e norte da Rússia.

Ao analisarmos o mapa de densidade demográfica, devemos lembrar que, dentro de um mesmo território, a população não se distribui de maneira uniforme. Isso ocorre em diferentes escalas: países, estados, municípios e bairros, por exemplo. Ao trabalhar com a densidade relativa, é possível questionar: Quais são os fatores que influenciam essa dinâmica populacional? Quais são os motivos que justificam a distribuição geográfica da população?

Mapa I.3 - Mapa de densidade demográfica no mundo

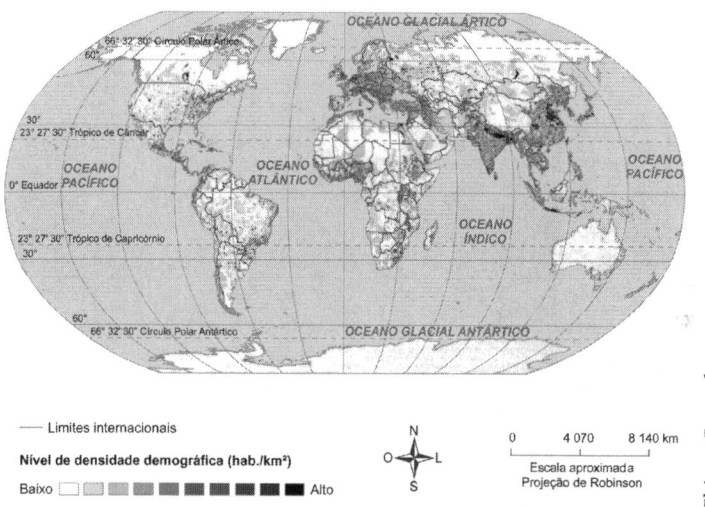

Fonte: Elaborado com base em The trustees..., 2016.

Existem fatores de atração ligados à economia e a questões sociais, políticas e culturais, como a disponibilidade de empregos e a infraestrutura urbana, e também fatores associados ao meio físico, como relevo, clima e hidrografia, que favorecem ou dificultam a ocupação humana.

Assim, os fatores ligados à ocupação inicial do território representam características de sua expansão, como é o caso brasileiro. O Mapa 1.4 ilustra a densidade demográfica no Brasil, cuja população se concentra na faixa litorânea do país; isso ocorreu devido ao nosso processo de colonização, que se deu pelo litoral, sendo que, só depois de séculos, foram criadas políticas de incentivo à migração para o interior do país. Portanto, o Brasil tem uma distribuição extremamente irregular: somando as regiões Sul, Sudeste e parte da Região Nordeste temos 36% do território brasileiro ocupado com 82% da população total do país (IBGE, 2002).

Mapa I.4 - Mapa de densidade demográfica do Brasil (2010)

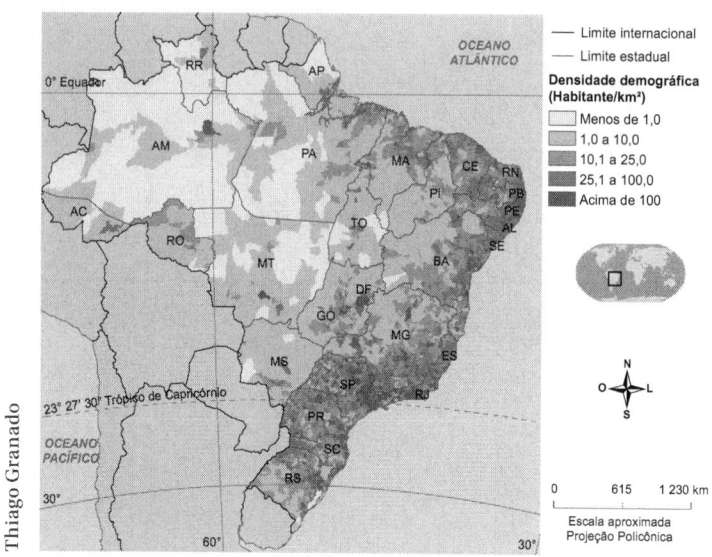

Fonte: Elaborado com base em Editora do Brasil, 2015.

Nesse contexto, devemos cuidar para não confundirmos **densidade demográfica** com **distribuição da população**. Como vimos anteriormente, são dois conceitos diferentes. Assim, temos países com elevada densidade demográfica mas que se caracterizam pela má distribuição da população e vice-versa.

I.3.3 Natalidade, fecundidade e mortalidade

Os conceitos de *natalidade, fecundidade* e *mortalidade* estão relacionados diretamente ao crescimento demográfico. De acordo com George (1979):

» o **crescimento populacional** é o resultado da diferença entre a natalidade e a mortalidade;

» o **crescimento positivo** caracteriza-se por uma taxa de natalidade maior que a taxa de mortalidade;
» o **crescimento negativo** caracteriza-se por uma taxa de mortalidade maior que a taxa de natalidade.

A seguir, conceituaremos esses termos para que você possa relacioná-los corretamente aos seus respectivos significados no decorrer desta obra.

1.3.3.1 Taxa de natalidade

A *taxa de natalidade* corresponde à relação entre o **número de crianças nascidas vivas** durante um ano e a **população média total** do mesmo ano, sendo que este cálculo corresponde à **taxa bruta**. Como já supracitado, a população média é obtida pelo registro do meio do ano; no entanto, como esses dados são de difícil acesso, o que se faz é uma média entre o tamanho da população no começo e no fim do ano. Assim, temos a média aproximada da dinâmica da população.

$$\text{Taxa de natalidade} = \frac{\text{Número de nascimentos (crianças nascidas vivas)} \cdot 1000}{\text{População média do mesmo ano}}$$

Para alguns demógrafos, esse indicador é superficial, pois envolve em seu cálculo parte da população que não está em idade de reprodução, e isso pode mascarar resultados; no entanto, essa taxa é amplamente utilizada.

1.3.3.2 Taxa de fecundidade

A *taxa de fecundidade* é a relação entre o **número de nascidos vivos** e a **população em idade de reprodução ativa** em um determinado ano. O mais habitual é que esse cálculo seja feito com a população feminina e, para ser considerada em idade reprodutiva, uma mulher deve estar na faixa de idade entre 15 e 49 anos; para o cálculo, ocorre a divisão das idades em grupos de cinco anos completos: o primeiro grupo é da faixa etária dos 15 aos 19 anos e assim sucessivamente.

$$\text{Taxa de fecundidade} = \frac{\text{Número de nascimentos (crianças nascidas vivas)} \cdot 1000}{\text{População feminina em idade reprodutiva do mesmo ano}}$$

Por meio desse indicador, podemos perceber as mudanças possíveis na dinâmica demográfica de uma população. O resultado de dois filhos por mulher é o valor de reposição e manutenção de uma população; valores maiores indicam que a população está crescendo.

Alves (2013d) cita que as taxas de fecundidade no mundo caíram de 5 filhos por mulher em 1950 para 2,5 filhos por mulher atualmente; a perspectiva é que as taxas continuem diminuindo, mas não se sabe qual é o ritmo dessa queda nem quais serão as consequências. De acordo com a Organização das Nações Unidas – ONU (Google, 2015a), a taxa de fecundidade por continentes atualmente é a seguinte: Europa – 1,52; Canadá e Estados Unidos da América – 2,02; América Latina – 2,17; Ásia – 2,3; Oceania – 2,42; e África – 4,45. É válido destacar que, dentro dos continentes, essas taxas variam de país para país. No caso do Brasil, a taxa de fecundidade é de 1,94 filho por mulher, ou seja, apresenta valor menor do que a média para o subcontinente América Latina.

existem mais de 200 milhões de mulheres sem acesso aos métodos contraceptivos no mundo, especialmente em países pobres. Além disto, existem diversas forças políticas que são contra a queda da fecundidade, como o fundamentalismo de mercado, o fundamentalismo religioso, o conservadorismo moral e as forças pró-natalistas que se amparam em um discurso antineomalthusiano[ii]. (Alves, 2013d, p. 1)

Como podemos observar, apesar de haver uma tendência ao crescimento negativo da população, Alves (2013d) destaca situações que não se encaixam nessa tendência.

I.3.3.3 Taxa de mortalidade

A *taxa de mortalidade* corresponde ao **risco de morte em cada idade** ou, como visto anteriormente, em grupos etários. Essa taxa é calculada por meio do número total de óbitos em um ano específico dividido pela população média (aquela correspondente ao meio do ano) ou por qualquer parte dela. É também calculada para cada faixa etária com o intuito de identificar quais são os grupos que correm maior risco de morte. Há uma porcentagem mínima de mortes constantes referentes à idade, portanto, uma parcela da população morre por consequência de idade avançada, isto é, está relacionada com a longevidade do grupo populacional e até mesmo com a fisiologia individual de cada ser humano. Dessa forma, a taxa de mortalidade costuma apresentar resultados variados e de grande significância para estudos da população.

$$\text{Taxa de mortalidade} = \frac{\text{Número de mortes} \cdot 1000}{\text{População média do mesmo ano}}$$

A taxa de mortalidade é medida de acordo com grupos populacionais, por idade, gênero ou outra definição que se faça necessária. A seguir, veremos alguns exemplos.

ii. *Pró-natalistas* e *antineomalthusianos*: termos utilizados pelo autor para representar um período dentro da transição demográfica do século XX, quando eram discutidas políticas de controle do crescimento populacional.

A taxa de mortalidade por idade indica a porcentagem de mortes em determinados grupos etários, como a mortalidade infantil. Esta equivale ao risco de uma criança nascida viva morrer antes de completar seu primeiro ano de idade, sendo esse resultado de suma importância para qualificar o nível de desenvolvimento de uma população. Habitualmente, esse cálculo é feito pelo número de nascimentos durante um determinado ano dividido pelo número de óbitos no grupo no mesmo período, mas há casos de subnotificações[iii] que podem distorcer os dados. Para amenizar, há uma subdivisão nesse grupo: a morte de crianças de 0 a 28 dias é classificada como **mortalidade neonatal**, e de crianças de 28 dias até o primeiro ano de vida, como **mortalidade pós-natal** ou **tardia**.

Dados dos relatórios da Organização Mundial da Saúde (OMS, 2005) e do Banco Mundial dos últimos anos mostram que a mortalidade infantil vem diminuindo desde meados dos anos 1990. Entre 1990 e 2012, o número de mortes de crianças passou de 12,6 a 6,6 milhões em todo o mundo, ou seja, uma queda de 47,8%. Mas essa redução ainda não é suficiente, pois ainda há graves problemas, principalmente em algumas ilhas da Oceania (Vanuatu e Papua-Nova Guiné) e na África-Subsaariana.

No caso brasileiro, de acordo com o Instituto Brasileiro de Geografia e Estatística (IBGE, 2015c), a taxa de mortalidade infantil vem diminuindo. O Gráfico 1.1 apresenta as taxas de mortalidade infantil no Brasil. Nele, podemos observar claramente que, a cada ano, o país consegue maior redução, mas, se compararmos com as taxas de países desenvolvidos, em que a mortalidade infantil equivale a dois óbitos para cada mil nascidos vivos, chegamos à conclusão de que o Brasil ainda encontra-se em uma situação de fragilidade.

---

iii. Falta de registro de nascimentos e óbitos, que pode ser ocasionada por vários fatores, como aspectos culturais ou de acesso aos serviços básicos de saúde.

Gráfico 1.1 - Taxa de mortalidade infantil (até 5 anos) por mil nascidos vivos, no Brasil e no mundo, de 1968 a 2010

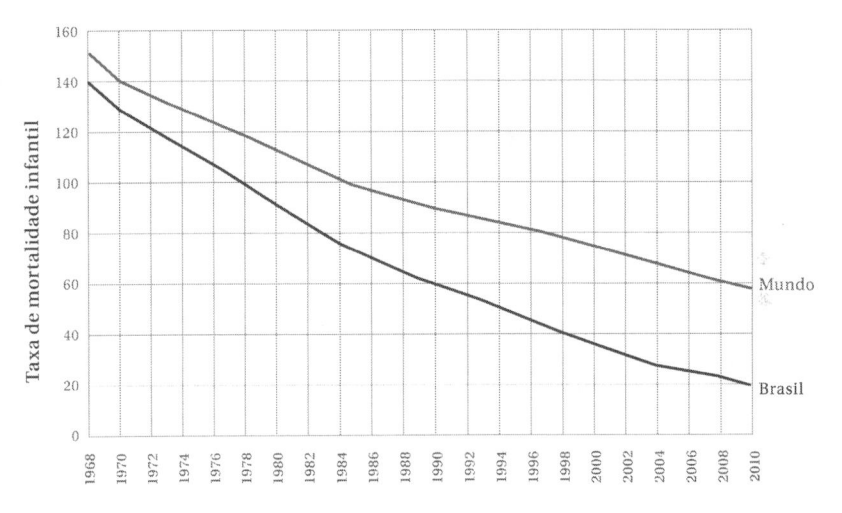

Fonte: Elaborado com base em Google, 2015b.

Apesar dessa realidade, as pesquisas feitas pelo IBGE e pela ONU nos últimos anos apontam que o Brasil teve o melhor desempenho entre os países da América Latina, resultado que o destaca no cenário internacional como um dos países que mais reduziram a mortalidade infantil na última década.

De acordo com os Indicadores do Desenvolvimento Mundial (Google, 2015c), a taxa de mortalidade infantil abrangendo crianças de até 5 anos caiu significativamente e passou de 140 óbitos para cada 1.000 nascidos vivos em 1970 para 59,3 em 1990 e 19,4 em 2010, chegando a uma taxa menor do que a média mundial, como podemos observar no Gráfico 1.1.

Outro exemplo de dado que proporciona análises interessantes para mensurar o desenvolvimento de um país é a **mortalidade materna**, que é a morte de mulheres gestantes durante o parto ou em decorrência de suas complicações. Dado importante destacado em relatório da OMS (2014) é que a mortalidade materna é maior nos países em desenvolvimento. Poderíamos citar inúmeros dados dos tipos de mortalidade, por doenças específicas, tipos de violências, entre outros. É de extrema relevância que esses dados sejam analisados pelos países e por órgãos internacionais capazes de verificar as condições de vida das populações pelo globo, pois, com base nos resultados, novas metas são estabelecidas para melhoria da infraestrutura e da qualidade de vida.

1.3.4 Expectativa de vida, estrutura etária e migração

Agora que conceituamos *natalidade* e *mortalidade*, podemos passar para um novo indicador, que é a **esperança de vida** ou **expectativa de vida**. De acordo com o Programa das Nações Unidas para o Desenvolvimento (PNUD, 2014), trata-se do número médio de anos que um indivíduo viverá a partir do nascimento, considerando a mortalidade por idade observada numa determinada população:

> Para o cálculo da esperança de vida ao nascer leva-se em consideração não apenas os riscos de morte na primeira idade – mortalidade infantil –, mas para todo o histórico de mortalidade de crianças, adolescentes, jovens, adultos e idosos. Sendo uma síntese da mortalidade ao longo de todo o ciclo de vida dos indivíduos, a esperança de vida é o indicador empregado para mensurar as dimensões humanas no índice de desenvolvimento, qual seja, direito a uma vida longa e saudável. Isso porque, em cada um dos grupos

etários, os indivíduos estão sujeitos a diferentes riscos de mortalidade, estabelecendo distintas causas principais de mortalidade. (PNUD, 2014, p. 1)

Ao observar os dados de esperança de vida ao nascer no mundo, a primeira certeza que podemos ter é de que a média de idade para o mundo não representa a realidade vivida pelos países. Ao observar os dados por áreas do globo, verificamos como essas realidades são díspares. Lembramos que a esperança de vida demanda muitas variáveis, com isso, países que têm boa infraestrutura e oferecem condições de vida adequadas para a população, como assistência à saúde, empregos, áreas urbanas estruturadas e planejadas, entre outros aspectos, tendem a apresentar uma média de expectativa de vida mais alta, enquanto países em desenvolvimento caminham para atingir metas melhores de diminuição da desigualdade social, maior infraestrutura urbana, de saúde, saneamento básico, entre outras melhorias, como é o caso brasileiro, que veremos mais à frente.

Gráfico 1.2 – Esperança de vida ao nascer: regiões do globo

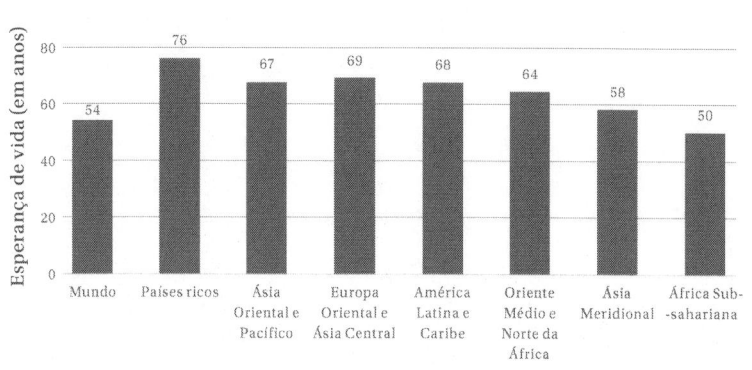

Região	Esperança de vida (em anos)
Mundo	54
Países ricos	76
Ásia Oriental e Pacífico	67
Europa Oriental e Ásia Central	69
América Latina e Caribe	68
Oriente Médio e Norte da África	64
Ásia Meridional	58
África Subsahariana	50

Fonte: Elaborado com base em WHO, 2008.

Como citado, o Brasil é um país em desenvolvimento e suas metas envolvem a melhoria das condições de vida da população:

> A população brasileira envelhece cada vez mais rápido, tanto em função do declínio da fecundidade quanto da mortalidade. Esta última variável tem influência direta no aumento da longevidade dos brasileiros. Em 1980, de cada mil pessoas que atingiam os 60 anos, 656 não chegariam aos 80 anos. Em 2013, de mil pessoas com 60 anos, 427 não completariam os 80 anos, representando 229 óbitos a menos. A expectativa de vida aos 60 anos, que era de 16,4 anos em 1980, passou para 21,8 anos em 2013, acréscimo de 33%. Ou seja, em 2013, um brasileiro de 60 anos de idade viveria, em média, até os 81,8 anos, sendo 79,9 anos a média para homens e 83,5 anos para mulheres. (IBGE, 2014, p. 3)

O aumento na expectativa de vida do brasileiro é oriundo de políticas para a melhoria de vida da população. Nas últimas décadas, houve avanços médicos, farmacêuticos, programas de atenção à saúde da mulher e da criança, de atenção ao idoso, medicamentos de uso contínuo distribuídos gratuitamente, entre outras medidas. Apesar de estes serviços ainda não apresentarem a qualidade necessária para atender a toda a população de maneira satisfatória, sua influência vem se estruturando de maneira positiva no aumento da expectativa de vida. De maneira geral, isso vem se configurando como uma tendência positiva no Brasil e no mundo. O Brasil apresenta uma melhora considerável no aumento da expectativa de vida desde a década de 1960, sendo esse crescimento contínuo e reflexo das políticas citadas. O IBGE (2015b) calculou que, em 2013, a estimativa média de vida ao nascer do brasileiro era de 74 anos, 10 meses e 24 dias, enquanto na década de 1960 era de 54,4 anos.

Estudaremos, de modo mais aprofundado, nos capítulos a seguir a estrutura etária da população e as migrações. Para finalizar essa etapa, vamos agora descobrir mais sobre esses conceitos.

1.3.4.1 Conceito de estrutura etária

O termo *estrutura etária* é amplamente utilizado na geografia, pois representa o conjunto de informações que caracteriza um determinado tipo de amostra. Conhecer essa estrutura é fundamental para as análises das populações, já sabendo que determinadas ações dependem desse conhecimento para serem executadas, como investimentos em educação em países com população jovem ou reformulação no sistema de previdência no caso de maioria de idosos.

Para analisar a estrutura etária de uma população, há um histograma, ou seja, um gráfico criado para representar o comportamento da população. Esse gráfico tem o nome de *pirâmide etária*, *pirâmide de idades* ou *pirâmide demográfica* e divide a população em grupos etários e por sexo, permitindo a compreensão do número de crianças, jovens e idosos.

Nesse tipo de representação, é possível perceber de modo dinâmico os fatores que interferem no comportamento das gerações de uma determinada população. Qual o motivo de este gráfico ter recebido esta denominação? Ao estruturar em idade e sexo a população, os gráficos ficaram com a aparência de uma pirâmide! Nos dias atuais, há, para muitos países, uma inversão nessa representação, mas o nome continua o mesmo.

1.3.4.2 Conceito de migrações

O termo *migrações* pode ser definido como o deslocamento da população de um determinado lugar para outro, quando há mudança de endereço fixo por vários motivos. A migração não é ação exclusiva do ser humano; muitas espécies de animais migram em busca de alimentos e água, fugindo de condições climáticas adversas, para reprodução, entre outros motivos. Esse termo ainda é usado para outras áreas, como a informática.

Devido à complexidade e à dificuldade de mensurar e quantificar os processos migratórios, eles são pouco explorados nos estudos:

> Segundo Welti (1998), isso pode ser explicado por diversos motivos: (a) fatores de ordem conceitual, referindo à dificuldade de incluí-la dentro de relações analíticas e teóricas similares àquelas geradas para outros componentes demográficos; (b) dificuldades metodológicas para definir, medir, projetar e obter informações confiáveis sobre os processos migratórios; e (c) a despreocupação de certas escolas da Demografia com os movimentos populacionais. Entretanto, a migração ainda é um componente que pode influir na estrutura, dinâmica e tamanho da população em níveis não desprezíveis, embora a suposição de população fechada seja capaz de simplificar os cálculos demográficos. Os fluxos migratórios são capazes de alterar significativamente o padrão e o nível da fecundidade e da mortalidade de uma região. Ressalta-se, ainda, que a migração é um fenômeno essencialmente social, e que é determinado

pela estrutura cultural, social e econômica da região em que ocorre. (Welti, 1998, citado por Cerqueira; Givisiez, 2004, p. 28)

No entanto, mesmo com todas as complicações nos estudos referentes às migrações humanas, essas análises são essenciais para compreendermos a dinâmica da população humana e os padrões de distribuição nos territórios.

Síntese

Neste capítulo, traçamos um panorama geral do que é **população**, tratando da relevância de se estudar essa dinâmica em diferentes escalas e tempos e da importância dos termos e conceitos mais utilizados na área. É relevante pensar em como as relações espaciais e os fenômenos naturais, sociais, econômicos e culturais podem influenciar o comportamento dos grupos populacionais, bem como os padrões dessa dinâmica.

Conforme vimos, o mundo encurtou distâncias e o tamanho da população está cada vez maior:

> nos atuais padrões de produção e consumo, a humanidade já ultrapassou as fronteiras planetárias e o mundo vive uma situação de déficit ecológico. Manter um ritmo acelerado de crescimento populacional só serviria para incentivar o ritmo continuo de crescimento econômico, o que dificultaria muito o avanço da qualidade de vida e a preservação dos ecossistemas e da biodiversidade. (Alves, 2013c, p. 2)

Com o intuito de refletir sobre a dinâmica populacional em diferentes escalas e analisá-la, precisamos o tempo todo ficar atentos aos exemplos gerais do mundo e do nosso país.

Indicações culturais

Filme

GERMINAL. Direção: Claude Berri. França: Renn Productions, 1993. 160 min.

O filme Germinal *retrata a época da revolução industrial por meio de uma perspectiva do trabalhador operário, demonstrando as transformações que a industrialização causou na população da época na Europa. O filme é baseado na obra do escritor francês Émile Zola, de 1885, que foi adaptada para o cinema sob a ótica do diretor Claude Berri, em 1993.*

Sites

IBGE – Instituto Brasileiro de Geografia e Estatística. **Países**. Disponível em: <http://www.ibge.gov.br/paisesat>. Acesso em: 20 fev. 2016.

O site IBGE países permite conhecermos os dados de países que são reconhecidos pela ONU e comparar seus dados por meio dos indicadores disponíveis em relação aos crescimentos demográfico, social, econômico, entre outros.

TERRA. **Calcule sua expectativa de vida**. Disponível em: <http://noticias.terra.com.br/expectativa-vida>. Acesso em: 20 fev. 2016.

O site indicado permite que você calcule sua expectativa de vida. É importante que, ao responder cada pergunta, você faça uma reflexão de como cada resposta pode alterar o resultado. É possível fazer também o teste com pessoas próximas e promover um debate sobre a atual situação demográfica do país.

Atividades de autoavaliação

1. Sobre os aspectos dos estudos em população, assinale V para as alternativas verdadeiras e F para as falsas:
   ( ) Para compreender a evolução da população no mundo, é necessário fazer uma retrospectiva até a Idade Média, pois foi naquele período da história que as preocupações com esse tema tiveram início.
   ( ) Entender o que é população nos exige buscar inúmeras variáveis para pensar nesse conjunto, que é caracterizado por grande diversidade.
   ( ) Há pouca preocupação por parte dos governantes em conhecer a dinâmica populacional, pois esse dado é supérfluo no desenvolvimento da sociedade.
   ( ) Os estudos desenvolvidos sobre a população se alteraram ao longo do tempo, pois as preocupações relativas a tamanho, distribuição e modo de vida não são recentes.
   ( ) Há diferenças importantes mediante a definição das classes sociais, da expectativa de vida, do número de nascimentos, das idades, das relações de trabalho, entre outras características de uma determinada população.
   Agora, assinale a alternativa que corresponde à sequência correta:
   a) F, F, V, V, F.
   b) F, V, F, V, V.
   c) V, V, F, F, V.
   d) F, V, F, F, V.

2. Assinale a alternativa correta:
   a) Os aspectos estáticos de uma população estão relacionados ao seu nível de desenvolvimento socioeconômico.
   b) Os aspectos cinéticos de uma população estão relacionados ao seu nível de desenvolvimento socioeconômico, que influencia diretamente no modo de vida desse grupo.
   c) Para a demografia, há apenas um modo de tratar os dados de população: o estático.
   d) No que se refere ao estudo das populações, os aspectos dinâmicos envolvem variáveis demográficas básicas que são suscetíveis a mudanças e relações mútuas, as quais dão a multiplicidade dos resultados; como exemplo, as taxas de mortalidade, nascimento, migrações, entre outros.

3. De acordo com os dados populacionais apresentados no decorrer do capítulo, leia as proposições a seguir e assinale V para as alternativas verdadeiras e F para as falsas:
   ( ) Informes da Organização Mundial da Saúde (OMS) apontam que o Brasil e mais dez países latino-americanos conquistaram avanços significativos na redução de mortes relacionadas à gravidez ou parto de 1990 a 2013.
   ( ) As migrações podem ser definidas como a fixação de uma população em um determinado lugar em que tem raízes históricas e laços de longa data.
   ( ) Sendo o Brasil um país desenvolvido, há pouca preocupação com a atenção à criança, como a criação de creches, pois as taxas de natalidade são negativas.
   ( ) Países em desenvolvimento lutam para atingir metas melhores de diminuição da desigualdade social, maior

infraestrutura urbana, de saúde e saneamento básico, como é o caso brasileiro.

( ) Há necessidade de investimentos em áreas, como saúde feminina, o cuidado durante a gravidez e o parto e uma atenção redobrada para grávidas com problemas médicos preexistentes.

Agora, assinale a alternativa que corresponde à sequência correta:

a) F, V, V, V, F.
b) F, V, F, V, V.
c) V, V, F, F, F.
d) V, F, F, V, V.

4. Assinale V para as alternativas verdadeiras e F para as falsas:

( ) Os países considerados desenvolvidos apresentam maiores taxas de fecundidade e poucos idosos em sua composição etária.

( ) As taxas de fecundidade do mundo caíram de 5 filhos por mulher em 1950 para 2,5 filhos por mulher atualmente; a perspectiva é de que as taxas continuem diminuindo.

( ) Dados dos relatórios da Organização Mundial da Saúde (OMS) e do Banco Mundial dos últimos anos mostram que a mortalidade infantil vem aumentando desde meados dos anos 1970.

( ) No caso do Brasil, a taxa de fecundidade é de 1,94 filho por mulher, ou seja, apresenta valor menor do que a média para o subcontinente América Latina.

( ) Esse indicador permite perceber as possíveis mudanças na dinâmica demográfica de uma população, sendo o resultado de dois filhos por mulher o valor de reposição e manutenção de uma população.

Agora, assinale a alternativa que corresponde à sequência correta:
a) F, F, V, V, F.
b) F, V, F, V, V.
c) V, V, F, V, F.
d) F, V, V, F, V.

5. Estudos mostram que a população brasileira envelhece cada vez mais rápido. Com relação a essa afirmação e de acordo com seus conhecimentos geográficos, assinale V para as alternativas verdadeiras e F para as falsas:

( ) O aumento na expectativa de vida do brasileiro é resultado das políticas internacionais de ajuda humanitária, que, devido à precariedade do país, buscam melhoria de vida para a população.

( ) A expectativa de vida é pouco relevante nos estudos demográficos, pois esse dado não fornece a real situação da população.

( ) Em função do declínio da fecundidade e da mortalidade, a população brasileira vive cada vez mais.

( ) A expectativa de vida da mulher brasileira é maior do que a do homem.

( ) Nas últimas décadas, há inúmeros avanços médicos, farmacêuticos e programas de atenção à saúde da mulher e da criança e de atenção ao idoso. Esses avanços são reflexos das preocupações do país com a população.

Agora, assinale a alternativa que corresponde à sequência correta:
a) F, F, V, V, V.
b) F, F, F, V, V.
c) V, F, F, V, F.
d) F, V, V, F, V.

Atividades de aprendizagem
Questões para reflexão

1. Quais são os desafios na compreensão do termo *população* no que concerne ao ensino da geografia na sociedade atual?

2. Os padrões populacionais se alteraram drasticamente nas últimas décadas. Em relação ao conceito de *mortalidade*, quais são as principais mudanças? E essas mudanças resultam de que avanços da sociedade?

Atividade aplicada: prática

Busque artigos científicos que abordem a relação população e espaço e, numa leitura crítica, relacione quais conceitos e temas são discutidos no texto.

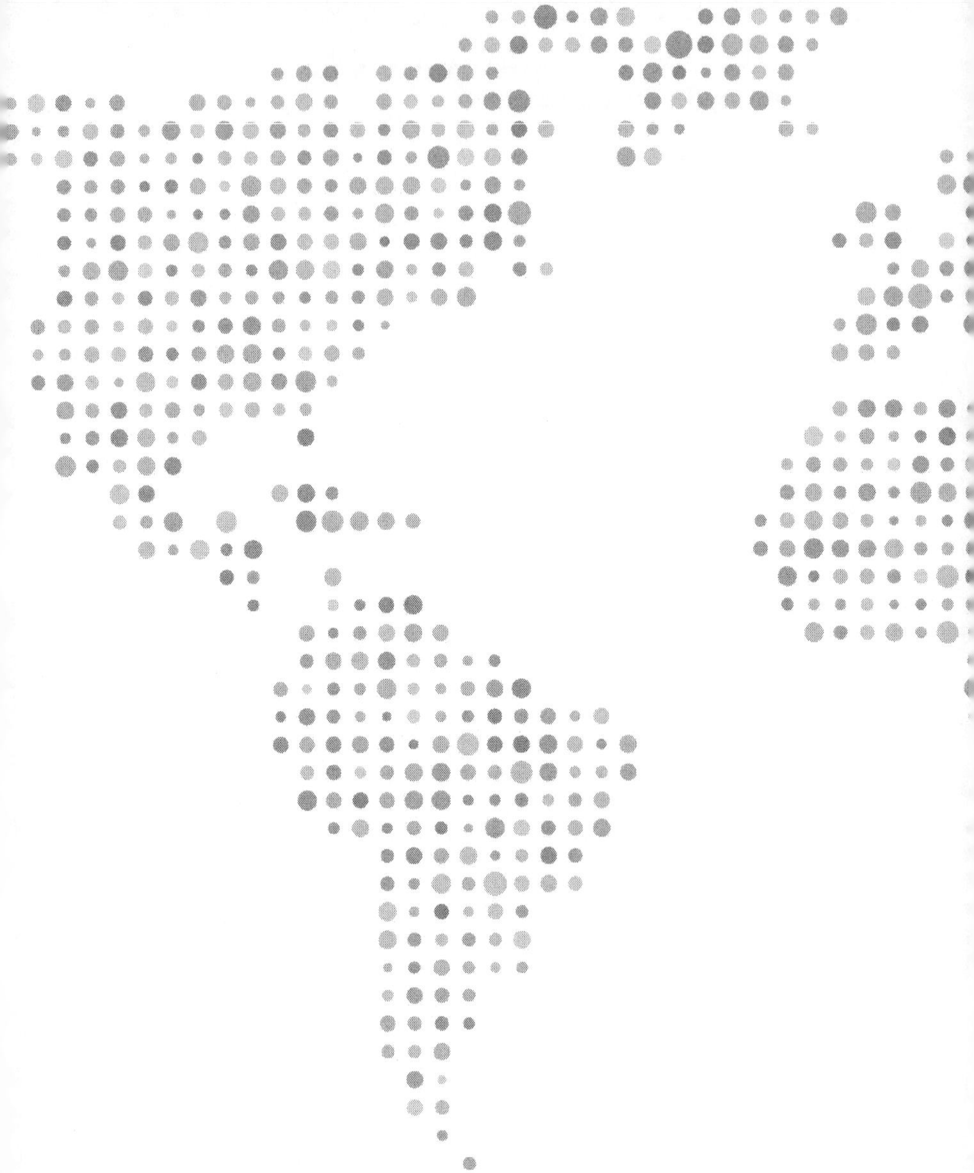

2
Crescimento demográfico e estrutura da população

Neste capítulo, para retratarmos o crescimento demográfico e suas alterações ao longo do tempo, vamos usar as bases da demografia para demonstrar como é possível compreender a expansão ou retração de uma população. Além disso, vamos associar esse processo ao momento histórico que influenciou essa dinâmica.

Todo grupo populacional tem um movimento natural, que é o resultado da diferença entre nascimentos e óbitos. Nessa linha de raciocínio, temos a taxa de **crescimento natural** ou **crescimento vegetativo** de uma população, que é a diferença entre a taxa de natalidade e de mortalidade.

Essa taxa não consegue expressar o real crescimento de um povo, pois não considera os movimentos migratórios. Portanto, devemos acrescentar nessa conta o **saldo migratório**, que é a diferença entre a entrada e a saída dos migrantes. No entanto, mesmo não conseguindo abranger as migrações no cálculo, o crescimento vegetativo é um dos dados mais importantes para que os processos de planejamento, gestão e avaliação de políticas de atendimento à população sejam elaborados nas mais diversas escalas.

Para entender a taxa de crescimento, devemos pensar que, quando a quantidade de nascimentos for maior que o número de óbitos, o resultado é um crescimento positivo; se a quantidade de mortes for superior, o crescimento é negativo. O crescimento natural de uma população é considerado alto quando seu índice de crescimento é maior que 4%; o crescimento intermediário caracteriza taxas entre 1 e 2%; já o crescimento baixo atinge 1% ou valores negativos. Para exemplificar essa situação, a taxa de crescimento demográfico mundial é de 1,2% e a tendência é uma desaceleração do crescimento que houve no século XX (logo veremos mais sobre essas fases).

De acordo com estimativas da Organização das Nações Unidas (ONU), com uma taxa de crescimento de 0,33% ao ano, o contingente populacional do planeta chegará a 9 bilhões de habitantes em 2050 (UNFPA, 2011).

Como já vimos no capítulo anterior, cada região do globo apresenta uma dinâmica populacional. De acordo com a United Nations Population Fund (UNFPA, 2011), o continente europeu apresenta crescimento populacional de 0,1% (o índice é negativo em alguns países, como na Alemanha), já a África registra 2,3% ao ano, América e Ásia possuem taxa de 1,1% ao ano e a Oceania, 1,3% ao ano.

2.1 Fases do crescimento demográfico

Para que você compreenda melhor o crescimento vegetativo, vamos dividi-lo em fases, de acordo com o percurso histórico:

» **Primeira fase ou fase do crescimento lento (até o século XIX):** Essa fase se caracteriza por um baixo crescimento vegetativo, com índices altos de natalidade e mortalidade, resultantes de condições de vida insalubres, desgaste por horas de trabalho servil, guerras, epidemias sem controle, entre outros fatores que dizimavam contingentes populacionais.

» **Segunda fase ou fase do crescimento acelerado (século XX e início do século XXI):** Nessa segunda fase (ou fase de crescimento de transição), temos dois momentos que se diferenciam claramente. No primeiro momento, durante o século XX, houve um avanço grande nas condições de vida da população, com a descoberta de medicamentos, vacinas, melhorias na higiene e avanços tecnológicos que possibilitaram a queda nas taxas de mortalidade. Ao mesmo tempo que a taxa de mortalidade diminuía, a natalidade continuou em alta, gerando uma explosão no crescimento populacional em um curto período de tempo. Em um segundo momento, há um decréscimo acentuado nas taxas de natalidade como resultado das políticas de controle dos governos, do planejamento familiar, dos métodos contraceptivos modernos e da entrada significativa da mulher no mercado de trabalho. Essa redução da natalidade ocorreu de maneira significativa nos países desenvolvidos, seguida pelos países em desenvolvimento. Apesar da explosão populacional durante o século XX, quando os bilhões da população foram dobrando, hoje há um baixo crescimento vegetativo no mundo.

» **Terceira fase ou fase de baixíssimo crescimento (projeções futuras – 2050):** Nessa terceira fase, que para muitos demógrafos seria a fase evoluída da dinâmica populacional, as taxas de mortalidade e natalidade seriam equivalentes, o que estabilizaria o crescimento demográfico, resultando em taxas pequenas e na manutenção da população.

Encontramos, na literatura, hipóteses de que o crescimento demográfico futuro alcançaria um grau muito negativo, com poucas famílias grandes e muitos casais sem filhos. Alguns países já vivem essa realidade e enfrentam problemas com a falta de mão de obra e com o sistema previdenciário. Logo mais, retomaremos esse assunto ao abordar a transição demográfica.

Conhecer a estrutura da população sob todos os aspectos possíveis é de grande importância para qualquer governante ou dirigente responsável pelo planejamento socioeconômico de uma nação e por projeções para o futuro.

Ao retratar o caso brasileiro, podemos ver que a situação, nesse sentido, é favorável. Temos um bom contingente jovem e, no país, há incentivos à qualificação do trabalho; além disso, o Brasil tem conquistado, mesmo que lentamente, melhores condições de saúde, educação, moradia, entre outros fatores, o que permite um avanço do país.

2.2 Estrutura da população etária e ocupacional

É de extrema importância entender qual o perfil da população, seja ela de uma cidade, de um país e até mesmo de um continente. Essa informação, aliada a outros dados, pode favorecer análises mais eficazes para o planejamento socioeconômico, como a aplicação de políticas públicas em diversas áreas – por exemplo, na saúde e na criação de empregos.

A construção da **estrutura etária da população** se faz pela razão do gênero e pelos grupos etários de crianças, jovens e idosos. De acordo com o Instituto Brasileiro de Geografia e Estatística (IBGE, 2002), o objetivo da classificação da estrutura etária é possibilitar a análise das variações geográficas e temporais na distribuição da população por gênero. Assim sendo, é possível dar respaldo ao planejamento, à gestão e à avaliação de políticas públicas dos mais diversos ramos, como educação, saúde, segurança, entre outros. Além disso, o conhecimento da estrutura etária auxilia na compreensão de fenômenos sociais relacionados aos processos de migrações, ao ingresso no mercado de trabalho, à organização e ao planejamento familiar.

O conhecimento da estrutura etária de uma população tem fortes implicações no atendimento de determinadas demandas e para a elaboração de políticas, não apenas na área de educação.

Por exemplo, o número de homens para cada grupo de 100 mulheres numa dada população em um determinado espaço geográfico representa um padrão de comportamento para aquele grupo.

Portanto, o conhecimento de uma população por idade permite a visualização de mudanças na dinâmica populacional, possibilitando a compreensão de fenômenos pontuais e/ou recorrentes de um grupo no passado e no presente e suas projeções futuras.

Entre os dados mais importantes de uma população, encontra-se a composição por idade e por gênero. Existem duas formas de classificação. Tanto uma como a outra levam em conta, de forma aproximada, a relação que existe entre a idade biológica e a idade profissional. Observe a diferença no Quadro 2.1.

Quadro 2.1 - Idade biológica e idade profissional

Idade biológica	População	Idade profissional
0-14 anos	Crianças e jovens	0-19 anos (idade não ativa)
15-64 anos	Adultos	20-59 anos (idade ativa)
65 anos ou mais	Idosos	60 anos ou mais (idade não ativa)

Fonte: Piffer, 2000.

Na divisão apresentada no quadro, podemos visualizar a relação entre os grupos por idade biológica e idade profissional. Essa relação varia de país para país e permite, por exemplo, avaliar a situação do mercado de trabalho (taxas de desemprego, trabalho infantil, entre outros aspectos), bem como a relação das faixas etárias com indicativos de qualidade de vida, vulnerabilidades, entre outros.

2.3 Pirâmide etária

A pirâmide etária é um gráfico representado em forma de pirâmide. Marca-se na linha vertical as faixas etárias da população, variando de zero até o limite máximo superior, como de zero a 80 anos. Na linha horizontal, marca-se os efetivos da população, ou seja, a quantidade da população para cada idade ou grupo de idades marcados na linha vertical. Os valores podem ser marcados em números inteiros ou em percentagem; além disso, é possível representar, na mesma pirâmide, mas em lados opostos, a população masculina e a população feminina (Adas, 2000).

Gráfico 2.1 - Exemplo de pirâmide etária

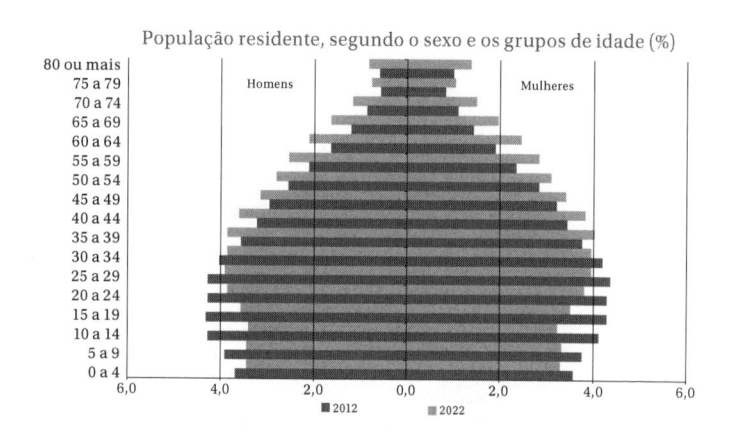

Fonte: Elaborado com base em IBGE, 2016c.

A distribuição por idade na pirâmide etária se divide em três faixas:

1. **Base**: É a parte inferior da pirâmide, onde está representada a população jovem (0 a 14 anos ou 0 a 19 anos).
2. **Corpo**: É a porção intermediária da pirâmide, onde está representada a população adulta (15 a 59 anos ou 20 a 59 anos).
3. **Cume ou o pico**: É a porção superior da pirâmide, onde está representada a população idosa ou velha (igual ou acima de 60 anos).

A pirâmide pode ser interpretada de diversas formas, por exemplo: pirâmides com o eixo mais alto representam uma população cuja expectativa de vida é mais alta. Pirâmides com a base mais estreita representam baixa natalidade.

Há situações extremas que influenciam diretamente na configuração de uma pirâmide etária – por exemplo, um período de guerra, que faz com que a quantidade de homens jovens e adultos diminua. Com o término do conflito, há incentivos governamentais para a reposição da população. Tudo isso se torna visível num gráfico de pirâmide etária.

Esse gráfico é de fácil explicação e compreensão: com base em uma rápida observação, podemos estabelecer se a população ali representada tem uma estrutura etária jovem ou envelhecida. Para uma análise geral, temos basicamente quatro tipos principais de pirâmides etárias, classificadas como:

1. **Jovem**: Uma pirâmide jovem é caracterizada por sua base larga, devido a seus altos índices de natalidade, e um afunilamento no topo, devido a altas taxas de mortalidade. Esse modelo de pirâmide pode ser representativo para regiões pouco desenvolvidas, caracterizando locais para onde as políticas demográficas têm de estar voltadas ao atendimento da criança, às famílias numerosas e à educação.

2. **Adulta**: Esse tipo de pirâmide tem sua base mediana, pois suas taxas de natalidade são menores; apresenta muitos jovens e adultos em sua composição e um gradativo aumento do número de idosos. Esse modelo representa, na atualidade, alguns países em desenvolvimento, como é o caso brasileiro. Nesses países, as políticas demográficas se voltam para o aumento do nível de escolaridade da população, para a criação de empregos e para políticas habitacionais.
3. **Rejuvenescida**: Esse modelo de pirâmide etária representa uma população composta por muitos adultos e com forte política de incentivo à fecundidade. Esse representação se assemelha à de alguns países desenvolvidos que tiveram drástica redução da natalidade por um período e que hoje apresentam um leve crescimento no número de nascimentos.
4. **Envelhecida**: Uma pirâmide etária envelhecida representa uma população com predominância de adultos e uma base bem estreita. Seu topo é mais largo, o que propõe que o número de idosos é elevado, principalmente em relação às demais pirâmides. Esse modelo de pirâmide etária é muito comum em países ricos, como é o caso da Alemanha e do continente europeu como um todo.

Gráfico 2.2 - Exemplos de pirâmides etárias

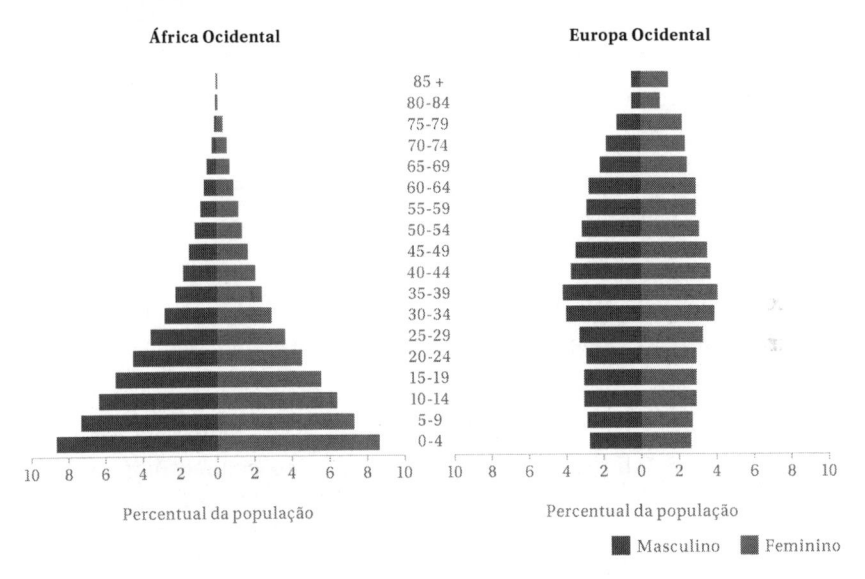

África Ocidental / Europa Ocidental

Faixas etárias: 85+, 80-84, 75-79, 70-74, 65-69, 60-64, 55-59, 50-54, 45-49, 40-44, 35-39, 30-34, 25-29, 20-24, 15-19, 10-14, 5-9, 0-4

Percentual da população

■ Masculino ■ Feminino

Fonte: Elaborado com base em Columbia University, 2015.

Nas pirâmides apresentadas no Gráfico 2.2, podemos visualizar a situação de parte de dois continentes com resultados demográficos bem distintos. Em relação ao Oeste da África, podemos observar uma base muito larga, o que representa uma grande quantidade de crianças e jovens, evoluindo para um estreitamento até o topo da pirâmide. Assim, a população de uma parte desse continente é considerada jovem; conhecendo a situação de algumas regiões da África, podemos inferir que alguns fatores influenciaram na média que compõe a pirâmide, permitindo-nos a interpretação dessa composição. Ou seja, quando conhecemos previamente a realidade de um país, uma região ou um continente, podemos interpretar os dados de um gráfico relacionando-os com o contexto local. O caso da pirâmide que representa a África, por exemplo, com uma população jovem e com baixa expectativa de vida, pode ser relacionado a problemas estruturais, de saúde e saneamento, característicos de algumas partes do continente.

Em contrapartida, na pirâmide demográfica que representa a Europa Ocidental para o mesmo período, podemos observar uma dinâmica populacional totalmente diferente. A estrutura da população é caracterizada por um baixo número de crianças e jovens (vemos isso pela base estreita). Além disso, o número de adultos é elevado, representando uma sociedade com baixa taxa de natalidade, isso quando ela não se tornou negativa. O topo dessa pirâmide é largo, o que representa grande quantidade de idosos. Em outras palavras, podemos relacionar o desenvolvimento do país com o envelhecimento da população e com as baixas taxas de natalidade, de acordo com aquilo que conhecemos da Europa Ocidental em relação ao seu bom desenvolvimento social e econômico.

2.4 Estrutura ocupacional

O termo *estrutura ocupacional* retrata a situação da população de um determinado local em relação à sua colocação no mercado de trabalho. Ela se divide em dois grandes grupos:

1. **população ativa** – composta basicamente de pessoas empregadas ou em busca de emprego;
2. **população inativa** – representada por pessoas que não estão empregadas e que não estão procurando emprego ou que não exercem atividade econômica remunerada, como é o caso de crianças, aposentados por idade ou invalidez, estudantes, entre outros.

Deve ficar claro que, quando falamos de uma população ocupada, referimo-nos a quem trabalha com atividade remunerada: quanto maior a quantidade de adultos em um grupo populacional, maior é a porcentagem da população inserida nesse mercado de trabalho. Assim, podemos citar a diferença entre países desenvolvidos com muitos adultos e muita participação dessa população considerada ativa e países em desenvolvimento, em que há muitas crianças e baixa população ativa.

Há que se ressaltar que esse dado apresenta alto índice de subnotificação. De acordo com o IBGE (2015a), os dados oficiais relativos aos percentuais de população ativa, principalmente nos países em desenvolvimento, não representam a realidade, pois uma parcela considerável da população se dedica ao subemprego ou à economia informal, como crianças que ajudam os pais em atividades rurais ou os comércios informais nos centros das cidades, além de aposentados e donas e donos de casa.

Para fins de esclarecimento, há duas siglas que representam a estrutura ocupacional da população: **PEA (População Economicamente Ativa)** e **PEI (População Economicamente Inativa)**. No Brasil, as informações são todas coletadas pelo IBGE durante as pesquisas amostrais e censos demográficos. Entretanto, o próprio IBGE cita inúmeros problemas no levantamento desses dados, que vão desde as subnotificações aos mais diversos tipos de empregos informais até pessoas que exercem atividades remuneradas esporadicamente e não declaram na coleta de dados.

2.5 Teorias demográficas

Até este momento, identificamos aspectos dos estudos populacionais observando variáveis presentes na sociedade e definindo padrões de comportamento populacional.

Para prosseguir, convidamos você a conhecer um pouco das principais teorias desenvolvidas sobre a questão populacional e sua dinâmica. Para tanto, discutiremos as teorias de Thomas Malthus (1776-1834), dos neomalthusianos, de Karl Marx (1818-1883) e dos reformistas.

2.5.1 Teoria de Malthus

O economista e demográfico britânico Thomas Malthus desenvolveu uma das mais famosas teorias sobre o crescimento demográfico em seu livro *Ensaio sobre o princípio da população*, de 1798.

Figura 2.1 - Thomas Robert Malthus

Wellcome Collection. Domínio público.

LINNELL, John. 1834. **Thomas Robert Malthus**. Mezzotinta. 43,5 × 31 cm.

A essência de sua obra consistiu em apontar o que ele considerou ser um perigo iminente para a sociedade futura. Malthus indicou que a população tenderia a duplicar a cada 25 anos, a não ser que ocorressem guerras, epidemias, desastres naturais etc. Ela cresceria, portanto, em progressão geométrica (2, 4, 8, 16, 32...) e constituiria um fator variável, que cresceria sem parar.

Em relação à produção de alimentos, Malthus indicou que ela não poderia acompanhar o crescimento populacional. Para ele, o crescimento da produção de alimentos ocorreria apenas em progressão aritmética (2, 4, 6, 8, 10...) e apresentaria certo limite, por depender de um fator fixo: a própria extensão territorial dos continentes.

Gráfico 2.3 - População *versus* produção de alimentos de acordo com a teoria de Malthus

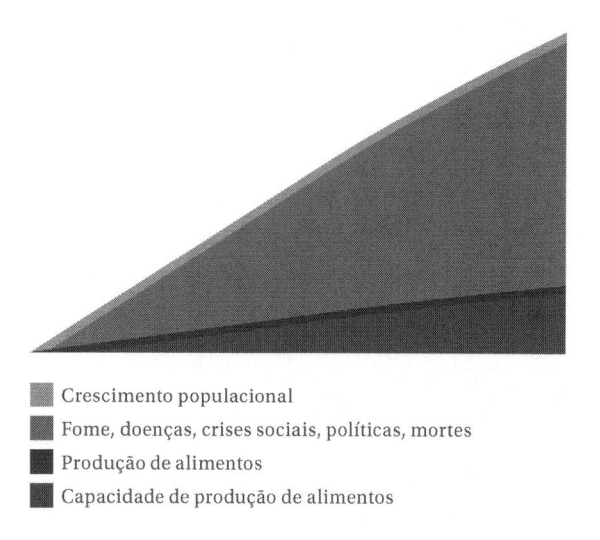

■ Crescimento populacional
■ Fome, doenças, crises sociais, políticas, mortes
■ Produção de alimentos
■ Capacidade de produção de alimentos

Fonte: Elaborado com base em Portal do Professor, 2011.

Pensando na questão de reprodução, Kieling (2009) aponta que os ideais de Malthus tinham relação direta com gênero e reprodução: "Quando as condições econômicas fossem favoráveis, os jovens se casariam cedo, provocando um 'baby boom' – configurando, portanto, uma relação direta entre crescimento econômico e fecundidade" (Kieling, 2009, p. 19).

Existem fatores históricos que nos ajudam a compreender o desenvolvimento dessas ideias. O período em que Malthus viveu foi o da Revolução Industrial (1760) na Inglaterra, caracterizado por muitos conflitos e mudanças nas relações de produção e, consequentemente, nas relações sociais. A geração de alimentos já era insuficiente no setor agrícola com vistas a suprir as demandas das indústrias, visto que, naquele momento, já ocorreria êxodo rural.

Outro dado importante se refere ao trabalho, principalmente de crianças, com diárias de até 18 horas e quase sem horário de descanso. Nesse contexto, podemos destacar as crises relacionadas às condições de trabalho e à manutenção da sociedade: a exploração do trabalho e o enriquecimento de poucos foram elementos propulsores dos protestos que marcaram aquele período (Gennari, 2009; Kieling, 2009).

Essas constatações fizeram com que Malthus apontasse, em sua teoria, as consequências do crescimento populacional desenfreado. Segundo ele, as taxas de mortalidade se elevariam, visto que a sociedade não conseguiria manter o equilíbrio entre população e ambiente (levando em consideração a alimentação e as condições básicas de sobrevivência). Portanto, o controle demográfico ocorreria de forma natural, por meio de fome, miséria e doenças que acometeriam a população. Nesse sentido, para ele, a miséria poderia ser encarada como algo positivo (Kieling, 2009; Henriques, 2007). Malthus ainda argumentou que outra medida não natural nesse sentido seria o controle da natalidade por meio de práticas anticoncepcionais voluntárias (Henriques, 2007).

Por mais que essa teoria não tenha se concretizado, pois em nenhum momento da história os fatos ocorreram como Malthus indicara, ela foi importante para que outras teorias surgissem, tanto como crítica quanto como reflexão desses pensamentos.

2.5.2 Teoria neomalthusiana

Muitos anos após a publicação da teoria de Malthus, surgiu no cenário mundial o que chamaram de *neomalthusianismo*. No início do século XX, começaram a ser discutidos aspectos do crescimento populacional e seu impacto no ambiente; porém, foi a partir da Segunda Guerra Mundial que essa teoria ganhou destaque. Ela surgiu no momento que ocorreu maior crescimento populacional em países subdesenvolvidos, reacendendo a questão exposta por Malthus.

Para conter o crescimento populacional desses países, foram adotadas medidas de controle de natalidade, que visavam restringir o número de filhos por casal.

No rol de atribuições dessas políticas de planejamento familiar, houve a intervenção de entidades mundiais, como a ONU, o Banco Mundial, entre outras, que participaram fornecendo subsídios para essa campanhas, com entrega gratuita de anticoncepcionais ou até programas mais sutis, como a utilização dos meios de comunicação como mecanismo de divulgação de modelos de famílias bem-sucedidas – nesse caso, aqueles que tivessem número limitado de filhos. Em casos mais extremos, houve a esterilização em massa das populações pobres, como ocorreu na Índia e na Colômbia (OMS, 2014).

Essas constatações geraram discussões em torno de ideologias e estratégias utilizadas para o controle populacional. Nesse sentido, Damiani (2008) afirma que essas estratégias políticas estavam, muitas vezes, atreladas a outros interesses, como o de fascistas (autoritarismo, controle da população e uso de violência em prol do Estado). Portanto, esse tema traz motivações que perpassam outros aspectos além das questões populacionais.

Seguindo esse pensamento, Dantas, Fernandes e Morais (2011, p. 51) acreditam que essa discussão trouxe questões de cunho ideológico muito radicais, tendendo ao racismo:

> No âmbito da corrente neomalthusiana, emergem concepções que revelam conteúdo ideológico, dentre as quais destacam-se as de cunho racista, que proclamam o progresso diferenciado das raças, procurando justificar agressões e colonização como processo civilizatório, além de subjugações; existia um pavor da proliferação de raças ditas inferiores (o "perigo amarelo" e o "perigo comunista"); e as que explicam o subdesenvolvimento de países da Ásia, África e América Latina a partir da existência de uma população excedente às possibilidades do desenvolvimento econômico.

É nesse contexto que se concentram muitas discussões sobre a utilização desses mecanismos, pois eles não resolvem o problema da pobreza e das condições de vida das populações desses países, apenas limitam o número de pessoas que sofrem.

Ao estudar essas teorias, parece que muito do que se fez/faz para o controle populacional está pautado em questões emergenciais, com vistas à solução temporária, ou seja, essas estratégias não são capazes de solucionar o problema ou não se destinam a isso. A solução para o problema estaria, inicialmente, em buscar o aumento da produtividade na tecnologia, amenizando a questão da falta de alimentos. Não menos importante seria reduzir as diferenças ocasionadas pela estrutura fundiária, que, em muitos países, culmina em pouca produtividade de alimentos, com a valorização de um mercado exportador de cereais, por exemplo.

Também é essencial diminuir o abismo econômico entre a população, para que todos tenham acesso aos alimentos (Mendonça; Castro, 2011).

Muitos são os aspectos que devemos considerar para que possamos discutir com amplitude a teoria neomalthusiana. Vivemos em uma sociedade fundamentada nos ideais do capitalismo, na exploração dos recursos naturais e na objetivação do lucro. Consequentemente, surgem problemas oriundos das diferenças econômicas ao redor do globo, tendo por base a exploração e a subordinação de países em desenvolvimento.

2.5.3 Karl Marx e a crítica a Malthus

Agora, analisaremos a influência de Karl Marx nas questões populacionais e, sobretudo, as críticas que ele fez à teoria de Malthus, para, posteriormente, apresentar suas reflexões sobre o crescimento populacional.

Marx argumenta que Malthus reduziu aspectos históricos e naturais a dados estatísticos, sem levar em consideração as transformações que poderiam ocorrer nas sociedades. Segundo ele,

> Na história verá que a população se desenvolve em proporções muito diferentes e que a superpopulação constitui igualmente uma relação historicamente determinada, de nenhum modo determinada por números ou pelo limite absoluto da produtividade dos meios de subsistência, mas mediante limites postos por determinadas condições de produção. (Marx, 1985, citado por Viana, 2006, p. 91)

Marx acreditava que as relações capitalistas seriam, por meio da geração de emprego, os determinantes nas questões populacionais e que, portanto, não seria possível definir crescimento populacional apenas com base na progressão aritmética.

Sobre isso, Viana (2006) argumenta que Malthus relacionava os fatos a seu dispor e de forma simplista, destacando que outros autores já haviam apresentado fortes críticas à sua teoria. Porém, Marx ainda reconhecia a importância dessa teoria e apontava: "A teoria de Malthus [...] é importante em dois aspectos: 1. Porque outorgou uma expressão brutal ao brutal modo de pensar do capital; 2. Porque afirmou a existência da superpopulação em todas as formas de sociedade" (Marx, 1985, citado por Viana, 2006, p. 91).

As reflexões de Marx sobre a população passam pela análise do mercado. O modo de produção capitalista é o responsável por essa regulação, levando em consideração a oferta e a demanda de mercadorias. Sobre isso, o autor afirma que a mudança estrutural de produção nas indústrias, com o avanço da tecnologia, faz com que cada vez menos mão de obra seja necessária para a produção de determinados produtos. Esse cenário é importante para entender os processos demográficos.

Essas relações podem ser observadas com o investimento em equipamentos e tecnologias que substituem a mão de obra humana, acarretando na formação de grandes contingentes populacionais fora do mercado. "Isto significa que para Marx a acumulação de capital necessita cada vez menos de trabalho vivo. O capital, que é uma relação social historicamente definida e contraditória, cria uma população de acordo com suas necessidades" (Gennari, 2009, p. 10).

Nesse sentido, as implicações do crescimento populacional estão atreladas ao mercado, como afirma Gennari (2009, p. 10): "a dinâmica depende dos elementos do processo histórico objetivo: a luta de classes, a produtividade do trabalho, a composição orgânica do capital, a acumulação de capital e suas contradições".

Espera-se demonstrar que as relações de mercado apresentadas por Marx são também importantes para compreender a dinâmica das populações, especialmente se incluirmos os conceitos apresentados anteriormente; além disso, essa análise se relaciona com as migrações, ou seja, com a busca por oportunidades de trabalho e melhores condições de vida, tema que faz parte de nossas discussões.

2.5.4 Teoria reformista

Agora discutiremos o surgimento dos ideais reformistas, reflexões que surgiram como resposta aos ideais neomalthusianos. Como vimos, para os neomalthusianos, o controle populacional deveria ocorrer pela restrição de natalidade, com vistas a gerir problemas sociais, como a miséria e a fome. Porém, para os reformistas, a miséria e a fome são resultados da má distribuição de renda e advêm da relação entre países desenvolvidos e em desenvolvimento. Ou seja, devido à pobreza e à falta de condições básicas, como educação e saúde, os países considerados menos desenvolvidos economicamente apresentam crescimento populacional desenfreado.

Nesse sentido, uma das principais reinvindicações dos reformistas é o investimento em políticas sociais e em tecnologias pensando na produção de alimentos. Sobre a teoria reformista, devemos acrescentar que não existe material publicado que se destine a conceituá-la, pelo menos não com a mesma consistência das teorias anteriores. No entanto, ela se apresenta como um avanço nas discussões de dinâmicas populacionais.

2.5.5 Teoria da transição demográfica

Finalizando as teorias que nos propomos a discutir, retrataremos fatos históricos sobre o desenvolvimento das populações e, por fim, destacaremos aspectos da questão brasileira. A primeira publicação referente à teoria da transição demográfica foi feita em 1944, pelo Instituto de Pesquisa Populacional, em Princeton, Estados Unidos. Essa publicação foi resultado de pesquisas sobre a Europa e a União Soviética e idealizada por Frank W. Notestein (1902-1983), ainda que ele não tenha sido o primeiro a discutir tais temáticas. Em 1945, ele apresentou um quadro de tipos de populações com vistas à avaliação do crescimento da população, mas não utilizou o termo *transição* (Kirk, 1996).

Uma definição simples e objetiva dessa teoria é de que se trata da análise de mudanças nas taxas de natalidade e mortalidade, sua ocorrência em determinado país e como se relaciona com a industrialização e a modernidade (Suntoo, 2012). Foi o pesquisador Warren Thompson quem apresentou o conceito de teoria da transição demográfica, em 1929. O gráfico a seguir permite a análise do comportamento de uma determinada população.

Gráfico 2.4 – Análise do comportamento da população pela transição demográfica

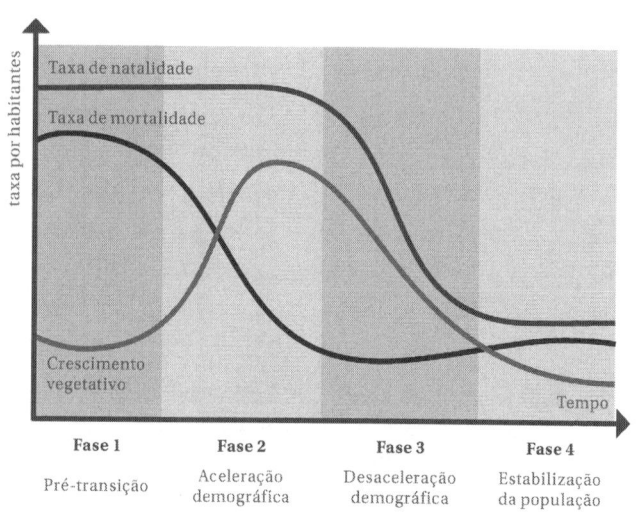

Fonte: Elaborado com base em Guitarra, 2023.

Sobre a teoria da transição demográfica proposta por Thompson, é válido destacar:

> A transição demográfica de Thompson apresenta quatro fases distintas de situação demográfica. A primeira fase seria a situação das sociedades pré-industriais, na qual as taxas de natalidade e de mortalidade são elevadas. Com o início da industrialização, as taxas de mortalidade se reduzem, dando início a segunda fase da transição demográfica. A terceira fase se apresenta quando as taxas de natalidade começam a cair. Por fim, a principal característica da quarta fase é a estabilização do crescimento populacional.
> (Souza, 2012, p. 7-8)

Nos estudos da população, essa teoria é amplamente utilizada como base para compreender a dinâmica populacional regional. O Gráfico 2.5 mostra as fases da transição e nos permite identificar que inicialmente ocorre uma oscilação entre altas taxas de mortalidade e de natalidade; porém, com o passar dos anos, as taxas tendem a cair, fazendo com que a população efetiva aumente e se estabilize.

Gráfico 2.5 - Esquema didático sobre as fases da transição demográfica

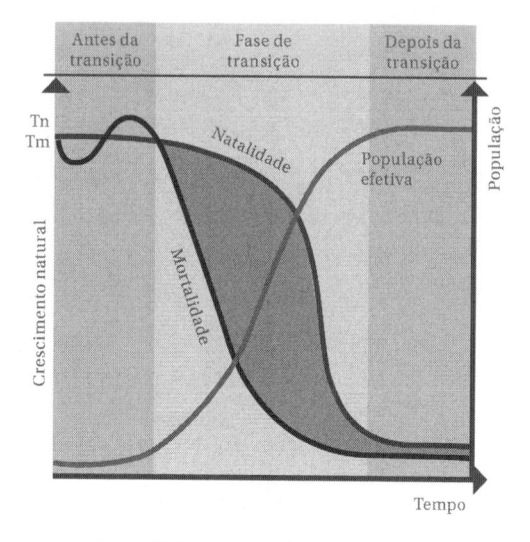

Fonte: Elaborado com base em Por que a população..., 2016.

2.5.6 Transição demográfica no Brasil

Passaremos agora a identificar como ocorreram as etapas de transição no Brasil. Segundo Souza (2012, p. 8), a primeira fase, que consiste nas sociedades pré-industriais, ocorreu até 1930, "com a grande maioria de sua população vivendo em áreas rurais; sem assistência médica ou de infraestrutura adequada; baixo índice de escolaridade, com mais de 70% de analfabetos no país; e altas taxas de natalidade e mortalidade".

Seguindo nessa lógica, foi a partir de 1930 que o país começou a passar pelas outras fases da transição apontadas por Thompson, ao iniciar o processo de industrialização. "A esperança de vida que em 1900 era de 34 anos de idade, sobe para 44 anos em 1940 e 54 anos na década de 1960" (Souza, 2012, p. 8). Em 1970, a autora aponta que a taxa de natalidade começou a apresentar queda. Segundo Martine, Carvalho e Arias (1994, citado por Souza, 2012, p. 8), "em 1980 a taxa de fecundidade caiu para 4,3 filhos por mulher e a esperança de vida ao nascer chegou a 59,9 anos. Nesse ritmo, o crescimento vegetativo para este ano é de 1,9%".

A última fase apresentada por Thompson foi alcançada no Brasil por volta dos anos 1990, mesmo sem a utilização de políticas de controle de fecundidade. Assim como as características apontadas por Thompson, ocorre no país um processo de estabilização, com baixo nível de crescimento da população, e as taxas de mortalidade e fecundidade mantêm-se baixas.

Gráfico 2.6 – Evolução das taxas de fecundidade no Brasil (em filhos)

Fonte: Elaborado com base em IBGE, 2015b, p. 18.

O Gráfico 2.6 demonstra que as taxas de fecundidade tenderam a apresentar declínio acentuado a partir dos anos 1970, chegando ao valor de 2,38 no ano de 2000.

Gráfico 2.7 - Distribuição percentual da população por grandes grupos de idade Brasil

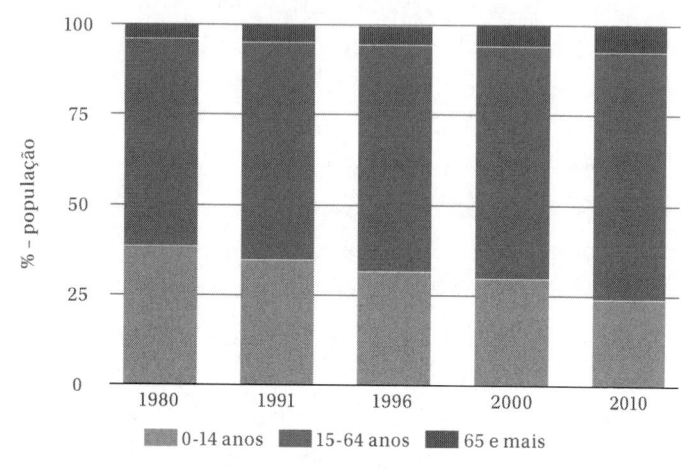

■ 0-14 anos   ■ 15-64 anos   ■ 65 e mais

Fonte: Elaborado com base em IBGE, 2016a.

Gráfico 2.8 - Taxa de fecundidade total

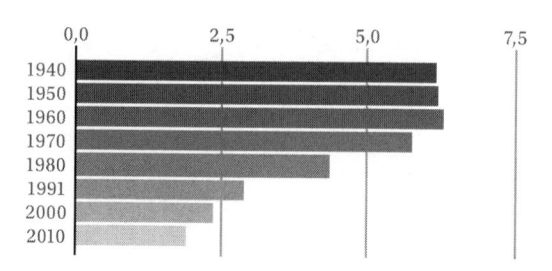

Fonte: Elaborado com base em IBGE, 2016a.

O Gráfico 2.7 demonstra o rápido crescimento populacional do Brasil na segunda metade do século XX, mas percebemos que esse aumento se concentra na população jovem/adulta e idosa. Já o Gráfico 2.8 apresenta a diminuição do número médio de filhos, que mostra uma brusca queda nos dados em 70 anos. Esse processo altera a estrutura das pirâmides etárias que representam o país, no entanto, a população apresentou grandes saltos de crescimento com desaceleração no início do século XXI. Assim, a população brasileira saltou de 51 milhões de habitantes na década de 1950 para 119 milhões na década de 1980.

Com o crescimento populacional e as fases de transição pelas quais o país passou, podemos visualizar, no Gráfico 2.9, o comportamento do recorte temporal brasileiro entre 1960 e 2010.

Gráfico 2.9 - Pirâmides etárias brasileiras

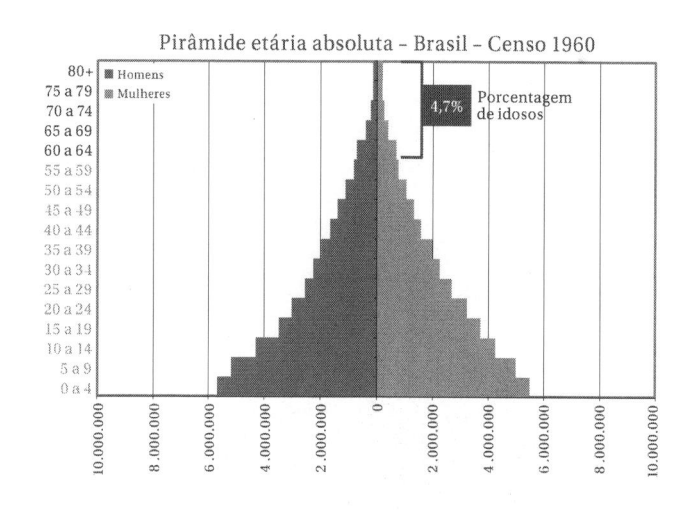

Pirâmide etária absoluta - Brasil - Censo 1960

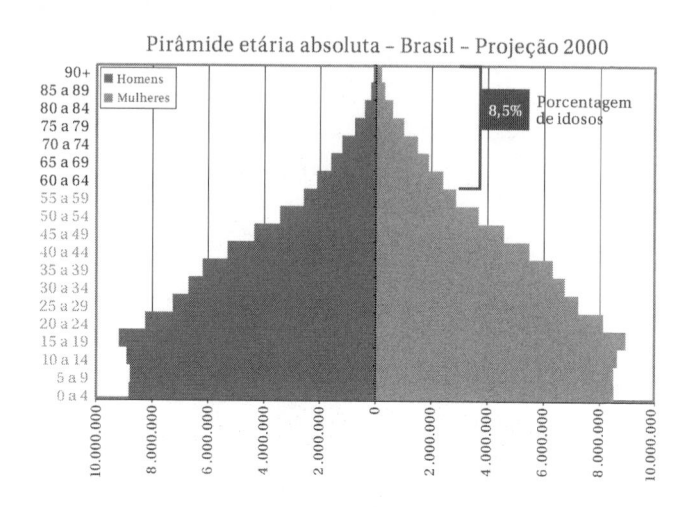

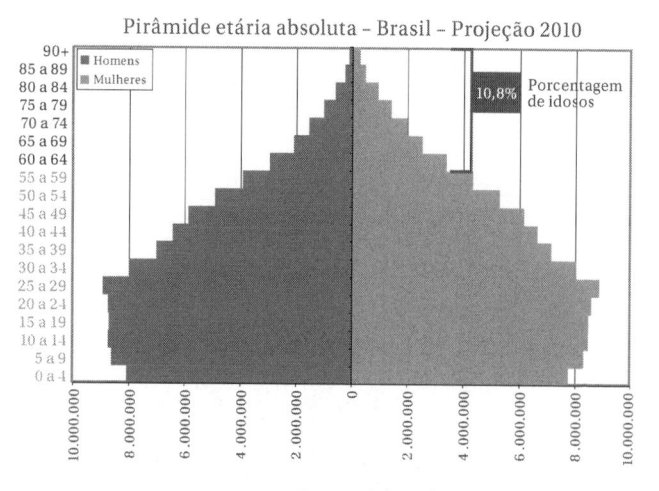

Pirâmide etária absoluta – Brasil – Projeção 2000

Pirâmide etária absoluta – Brasil – Projeção 2010

Fonte: Elaborado com base em IBGE, 2013.

O que podemos identificar é que, com o passar dos anos, as mudanças são explícitas: enquanto em 1960 o país se apresentava com maior população jovem e um baixo percentual de idosos, em 2010 esses números mudaram; existe, então, o predomínio de pessoas na fase adulta e a tendência de aumento do número de idosos ainda maior para as próximas décadas.

Síntese

Este capítulo se propôs a discutir métodos e técnicas estatísticas utilizados atualmente para trabalhar com questões populacionais. Na primeira parte, analisamos o crescimento demográfico e suas fases e exemplificamos estruturas da demografia e como são classificadas, a forma de analisar um gráfico de pirâmide etária e suas diferenças essenciais. Também vimos como a inserção da população no mercado de trabalho pode variar e como esse fator interfere no perfil de um determinado grupo. Na segunda parte, discutimos as teorias demográficas, no intuito de esclarecer como foram tratadas as questões das estruturas das populações e suas implicações nas ações que foram adotadas para gerir essas sociedades.

Você pôde perceber que, em menos de um século, as transformações nas questões populacionais foram expressivas e responsáveis por medidas que afetaram um grande contingente populacional, reforçando o papel da demografia no contexto geográfico da sociedade.

Como um exercício de fixação, pense em nossa sociedade, como ela era no início do século XX, busque registros históricos desse momento e perceba o quanto mudamos até chegar aos dias atuais. Nossa transição demográfica ocorreu de modo gradativo, de acordo com a evolução dos setores da economia, das políticas demográficas de incentivo ao planejamento familiar, da mudança de um modo de vida rural para uma sociedade urbanizada, da inserção da mulher no mercado de trabalho e das melhorias nos setores de saúde, habitação, entre outros.

Indicações culturais

Sites

IBGE – Instituto Brasileiro de Geografia e Estatística. **Projeção da população**. 2008. Disponível em: <http://www.ibge.gov.br/home/estatistica/populacao/projecao_da_populacao/2008/piramide/piramide.shtm>. Acesso em: 9 nov. 2015.

O IBGE é o órgão brasileiro que faz o levantamento dos dados demográficos e depois os disponibiliza para a população tratados em forma de tabelas, gráficos e mapas. No endereço indicado, é possível criar várias pirâmides etárias para nosso país, com dados do passado e do presente e com projeções de cenários futuros.

IBGE – Instituto Brasileiro de Geografia e Estatística. **Vamos contar**. Disponível em: <http://vamoscontar.ibge.gov.br/atividades/ensino-fundamental-6-ao-9/49-piramide-etaria>. Acesso em: 9 nov. 2015.

Esse site foi criado para ser um ponto de encontro do IBGE com os professores, pensando em oferecer informações atualizadas sobre o Brasil e disponibilizando atividades e recursos para as aulas. Visite o portal do IBGE para educadores e faça a atividade indicada.

Vídeo

POPULAÇÃO mundial: já somos 7 bilhões. Disponível em: <https://www.youtube.com/watch?v=YNFj9L6pcTY>. Acesso em: 9 nov. 2015.

Esse vídeo nos estimula a pensar como o crescimento populacional ocorreu e como é nossa ocupação no espaço geográfico. A revista National Geographic Brasil *também lançou, em 2011, uma série de reportagens sobre a dinâmica da população mundial* extremamente interessantes. Vale a pena ler e, futuramente, utilizar nas práticas docentes.

Atividades de autoavaliação

1. Sobre o crescimento demográfico da população mundial e de acordo com os conhecimentos adquiridos neste capítulo, assinale V para as alternativas verdadeiras e F para as falsas:

   ( ) O crescimento natural de uma população é considerado alto quando seu índice de crescimento é maior que 4%, crescimento intermediário entre 1 e 2% e baixo ao atingir 1% ou valores negativos.

   ( ) O crescimento natural da população mundial na atualidade é de 4,5% e sua maior representação acontece no continente europeu, com altas taxas de natalidade.

   ( ) Quando a quantidade de nascimentos for maior que o número de óbitos, o resultado é um crescimento positivo; é negativo se a quantidade de mortes for superior.

   ( ) O crescimento da população é alto quando seu índice de crescimento é maior que 1%, o crescimento intermediário é de 0,5% e, abaixo disso, nunca se registrou.

   ( ) A taxa de crescimento demográfico mundial é de 1,2% e a tendência é que haja diminuição do crescimento acelerado que houve no século XX.

   Agora, assinale a alternativa que corresponde à sequência correta:
   a) V, F, V, F, V.
   b) F, V, F, V, V.
   c) F, F, V, V, F.
   d) F, V, F, F, V.

2. Sobre as fases do crescimento da população mundial, assinale V para as alternativas verdadeiras e F para as falsas:

( ) A primeira fase do crescimento da população mundial foi acelerada, com altas taxas de natalidade e baixo registro de mortalidade. Nesse período, também houve expansão da urbanização.

( ) Na segunda fase do crescimento da população mundial houve avanço nas condições de vida da população, com a descoberta de medicamentos, vacinas, melhorias na higiene e inúmeros avanços tecnológicos que possibilitaram a queda nas taxas de mortalidade.

( ) O crescimento da população mundial foi gradativo durante grande parte do tempo, mas, com o avanço da tecnologia, da medicina e da sociedade, o crescimento se tornou acelerado.

( ) Durante a terceira fase do crescimento demográfico mundial houve avanço nas políticas de incentivo à natalidade: quanto mais a população cresce melhores serão as condições de vida em todas as regiões do globo.

( ) As fases do crescimento populacional trazem informações relevantes para entendermos o processo de construção e a dinâmica de crescimento dos grupos populacionais.

Agora, assinale a alternativa que corresponde à sequência correta:
a) F, F, F, V, F.
b) F, V, F, V, V.
c) V, V, F, V, F.
d) F, V, V, F, V.

3. Sobre as teorias demográficas abordadas neste capítulo, leia as questões a seguir e assinale V para as alternativas verdadeiras e F para as falsas:
   ( ) Malthus indicou em sua teoria que a população tenderia a duplicar a cada 25 anos, a não ser que ocorressem guerras, epidemias e desastres naturais. Assim, o crescimento seria em progressão geométrica.
   ( ) Para Malthus, o crescimento alimentar ocorreria em progressão geométrica e a produção não teria limites.
   ( ) As reflexões de Marx sobre a população se dão pela análise do mercado. O modo de produção capitalista é o responsável por essa regulação, levando em consideração a oferta e a demanda de mercadorias.
   ( ) Para os neomalthusianos, deveria haver controle populacional pela restrição de natalidade, de modo a gerir problemas sociais, como a miséria e a fome.
   ( ) Para os reformistas, a miséria e a fome são resultados da má distribuição de renda e advêm da relação entre as condições desiguais entre os países.
   Agora, assinale a alternativa que corresponde à sequência correta:
   a) V, F, V, V, F.
   b) V, F, V, V, V.
   c) V, V, F, V, F.
   d) F, V, F, F, V.

4. Sobre a estrutura etária da população, assinale V para as alternativas verdadeiras e F para as falsas:
   ( ) Há situações extremas que influenciam diretamente a configuração de uma pirâmide etária.

( ) Um período de guerra faz com que a quantidade de homens diminua; com o término do conflito, há incentivos governamentais para a reposição da população.

( ) A construção de um gráfico de pirâmide etária é complexa e sua interpretação é feita somente por especialistas em demografia.

( ) Existem basicamente quatro tipos principais de pirâmides etárias que representam as realidades distintas dos países.

( ) A estrutura etária da população serve apenas para levantamentos estatísticos e análises que envolvem a população jovem de um país.

Agora, assinale a alternativa que corresponde à sequência correta:

a) V, F, V, V, F.
b) F, V, F, V, V.
c) V, V, F, V, F.
d) F, V, V, F, V.

5. Sobre o processo de transição demográfica, assinale a resposta correta:

   a) Com o início da industrialização, as taxas de mortalidade aumentaram devido às condições de trabalho, dando início à segunda fase da transição demográfica.

   b) A teoria da transição demográfica de Thompson apresentou quatro fases distintas, sendo a primeira delas a fase das sociedades medievais.

   c) A terceira fase se apresenta quando as taxas de natalidade começam a subir. Por fim, a principal característica da quarta fase é a redução do crescimento populacional.

   d) Essa teoria é amplamente utilizada nos estudos de população como base para compreender a dinâmica populacional dos diferentes grupos.

Atividades de aprendizagem

Questões para reflexão

1. Faça uma busca por reportagens que abordem a atual situação previdenciária do Brasil. Selecione pelo menos duas para uma leitura mais aprofundada e crie um panorama sobre o tema. Depois, responda: Você acredita que o Brasil passará por um colapso no sistema previdenciário? Justifique.

2. Com a diminuição da taxa de natalidade e o aumento na expectativa de vida na população, quais consequências teremos?

Atividade aplicada: prática

Neste capítulo, aprendemos a analisar gráficos de pirâmide etária de diversas dinâmicas populacionais. Agora, como um exercício de fixação, entre no *site* do IBGE pelo endereço indicado a seguir e construa uma análise da evolução da população brasileira por meio das representações propostas.

IBGE – Instituto Brasileiro de Geografia e Estatística. **Projeção da população.** 2008. Disponível em: <http://www.ibge.gov.br/home/estatistica/populacao/projecao_da_populacao/2008/piramide/piramide.shtm>. Acesso em: 9 nov. 2015.

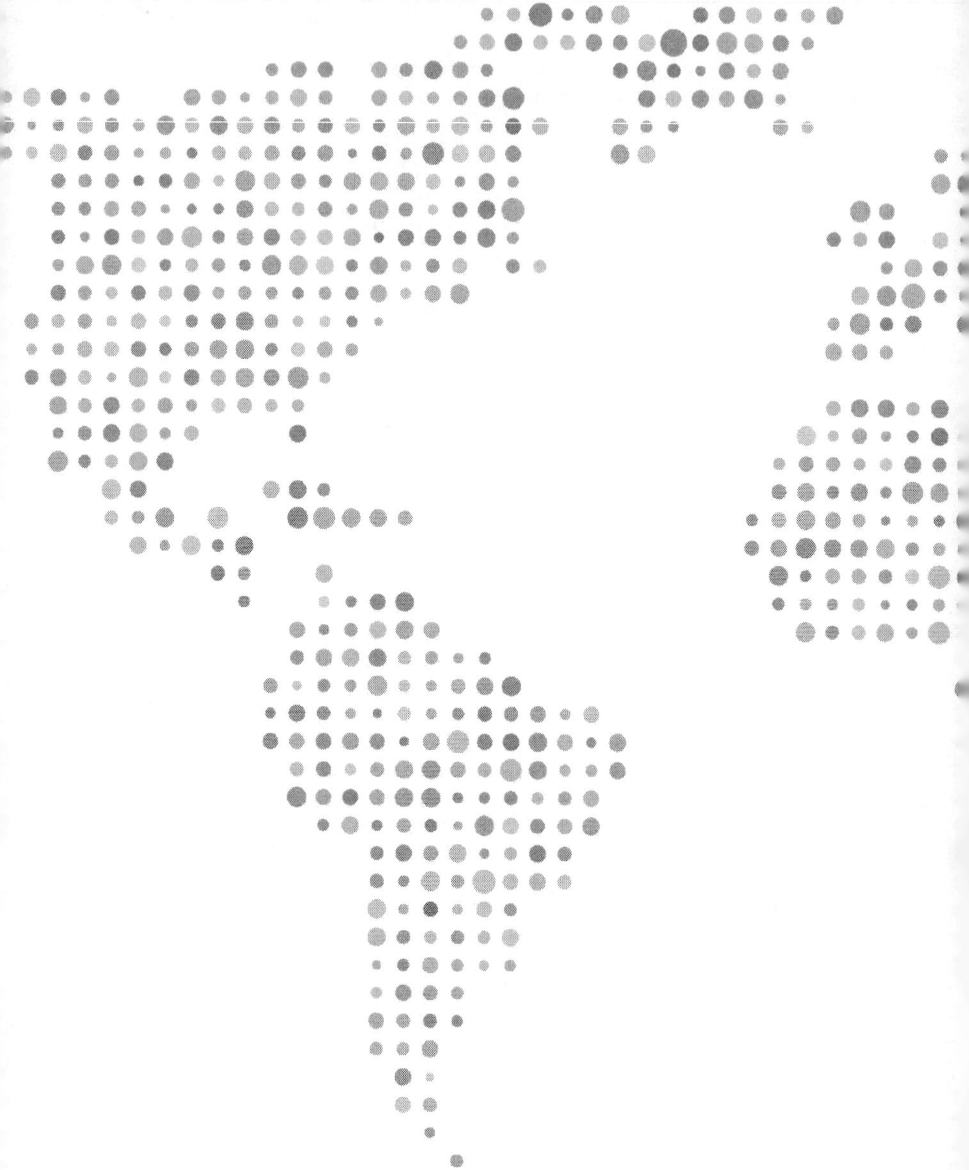

3

Dinâmicas demográficas e políticas populacionais

Você vai observar que o termo *dinâmica demográfica* aparecerá com bastante frequência neste capítulo. Esse termo resume um conjunto de fatores com significados diferentes, mas que interagem entre si. Assim, apresentaremos os fatores que compõem as dinâmicas demográficas para que, posteriormente, você possa entender corretamente a relação desses fatores com as políticas populacionais.

As dinâmicas demográficas compõem-se principalmente pelos fatores natalidade, mortalidade e migração. Ou seja, quando pensamos em dinâmicas demográficas, estamos nos remetendo a questões que interferem quantitativa e qualitativamente na população de determinado local. Essa interferência pode ser direta ou indireta, ou seja, além de natalidade, mortalidade e migrações (fatores que afetam diretamente o contingente populacional), outros aspectos, como fertilidade, nupcialidade, esperança de vida ao nascer e estrutura etária são incluídos na esfera das dinâmicas demográficas. Para relembrar os conceitos relativos aos fatores que compõem essas dinâmicas, você pode retornar ao primeiro capítulo deste livro, no qual constam os fundamentos da geografia da população.

A partir de agora, iremos adentrar no campo das políticas populacionais, primeiramente passando pelas políticas de Estado para, depois, entrarmos nos conceitos próprios da geografia da população.

3.1 Políticas populacionais: conceitos

Quando pensamos em política, nos vem à tona uma série de definições envolvendo interesses coletivos que visam um bem comum.

Esses interesses partem de diversas áreas, como economia, educação, saúde, meio ambiente, entre outras. A maior parte das políticas criadas nessas e em outras áreas são executadas por meio de leis que têm a função de regular, por exemplo, as relações econômicas entre países, o acesso à educação básica e ao sistema público de saúde ou a exploração de recursos naturais.

Em meados dos anos 1990, Verriére (1991, p. 19), afirmava que "pode-se falar de política desde que um conjunto coordenado e combinado de decisões, visando atingir um determinado objetivo, é adotado pelas instâncias responsáveis, isto é, mais frequentemente pelo Estado". Por meio dessas palavras, o autor implica que a política está diretamente relacionada a um "conjunto de decisões", visando atender a um "determinado objetivo".

Considerando também uma abordagem mais atual, Alves (2004) esclarece que a política, de maneira geral, pode ser entendida como uma **dinâmica** na qual interesses comuns se transformam em objetivos, que, por sua vez, dão base a tomadas de decisões por um poder maior.

Você deve ter percebido, com esses conceitos, que, embora haja certa diferença entre os anos de publicação, as definições possuem em sua essência a ideia de que a política se constitui, primeiramente, por uma necessidade de determinada área, para que, com base nisso, sejam traçados objetivos e ações que possibilitem sua consecução.

Desse modo, analisando o conceito de *política*, podemos refletir a respeito de quais seriam os elementos que nos possibilitariam aliar esses conceitos à população. Ainda de acordo com Verriére (1991), toda medida tomada pelo Estado afeta a população, como as leis trabalhistas ou de habitação. Assim, o autor questiona se seria função da política populacional abordar todos os aspectos que influem sobre a população, pois, dessa forma, "seríamos conduzidos, pouco a pouco, a incluir na política de população a totalidade da política do Estado" (Verriére, 1991, p. 7).

Com essa afirmação, o autor tem a intenção de demonstrar que toda ação executada pelo Estado afeta as condições da população de maneira geral, como aquelas que já citamos (economia, saúde, educação e meio ambiente). As políticas relativas ao meio ambiente, por exemplo, afetam a agricultura, a indústria, a dinâmica das cidades e, consequentemente, a população. Contudo, a fim de definir um campo específico para as políticas populacionais, precisamos descartar a possibilidade de que caberia à política populacional abordar todos os temas das políticas estatais.

Assim, poderíamos atribuir às políticas de população aquilo que é intrínseco à própria população, o que se resume em três itens principais, segundo Alves (2006):

1. **natalidade;**
2. **mortalidade;**
3. **fluxo de pessoas.**

A intenção agora é compreendermos que as políticas populacionais estão relacionadas mais especificamente às dinâmicas demográficas, ou seja, podem interferir nos nascimentos, na longevidade, na localização e no fluxo da população.

Para ajudar a esclarecer o nosso objeto de estudo neste capítulo, apresentaremos alguns conceitos relacionados às políticas populacionais. De acordo com Silva (1987, p. 923), as políticas da população podem ser definidas da seguinte maneira:

> Denomina-se comumente política populacional o conjunto de medidas destinadas a modificar o estado de uma população de acordo com interesses sociais determinados. Tal modificação se refere tanto

às mudanças no volume e no ritmo de aumento (ou decréscimo) da população, quanto à distribuição e densidade desta dentro de um território dado, assim como também à sua composição qualitativa e quantitativa em relação a atividades específicas.

No trecho anterior, percebemos que, no âmbito das políticas populacionais, medidas são tomadas para modificar a dinâmica de uma população de acordo com as necessidades locais. Você já deve ter ouvido falar sobre alguns países que diminuem impostos de casais que tenham filhos ou até mesmo alguns locais onde as famílias recebem uma pensão do Estado a cada novo membro da família que venha a nascer. Esses são exemplos de medidas que visam incentivar o crescimento populacional.

Da mesma forma que existem medidas de incentivo ao crescimento, também existem aquelas de incentivo à contracepção, visando o decréscimo do índice de natalidade. O mesmo vale para medidas relativas às migrações, como o controle fronteiriço de pessoas ou as políticas de povoamento. Mais adiante trataremos desses quesitos com mais detalhes.

Sobre o caráter das políticas populacionais, cabe citar Alves (2004), que define uma série de características que nos auxiliam a refletir a respeito das políticas populacionais em nossa sociedade. Para ele, as políticas populacionais dividem-se em:

» **Políticas proativas:** Consistem em medidas que antecedem dinâmicas demográficas. Um exemplo é o combate às epidemias, como a dengue, com o objetivo de diminuir a taxa de mortalidade.

» **Políticas reativas:** São aquelas que buscam a remediação do fato ao invés da prevenção, como a distribuição gratuita de medicação para pacientes soropositivos, que objetiva aumentar a esperança de vida dos infectados pelo vírus HIV.

» **Políticas explícitas**: São medidas relativas à população que estão presentes na lei, ou seja, são de fácil identificação. Por exemplo, na China, existia uma lei que proibia os casais de terem um segundo filho, para conter o crescimento populacional.

» **Políticas implícitas**: São mais difíceis de identificar quanto à sua relação direta com a população, como a proibição do aborto. Proibir o aborto é uma questão moral de direito à vida ou uma medida para aumentar a taxa de fertilidade?

» **Políticas democráticas ou autoritárias**: Esse caráter de uma política populacional vem da sua origem, sendo ela participativa (com a participação da própria população) ou centralizada (política imposta pelo Estado).

» **Intencionais**: Têm objetivos claros a respeito de seu caráter demográfico e estabelecem resultados qualitativos e quantitativos, necessitando de monitoramento e avaliação de processo para a análise de seus resultados.

» **Não intencionais**: Afetam a população de forma oculta, sendo necessária uma pesquisa *a posteriori* para investigar o motivo de possíveis mudanças na dinâmica demográfica.

No Brasil, durante o primeiro mandato de Getúlio Vargas (1930 a 1945), iniciou-se um período de políticas e práticas natalistas. A primeira medida efetiva tomada nessa época foi um Decreto-Lei de 1941, que previa que pessoas solteiras ou viúvas com mais de 25 anos deveriam pagar um adicional de 1% sob o imposto de renda. Essa medida objetivava incentivar o casamento e o crescimento da natalidade. Mais tarde, em 1946, o incentivo à natalidade é explicitado na própria constituição. O artigo 164 assegura: "É obrigatória, em todo o território nacional, a assistência à maternidade, à infância e à adolescência. A lei instituirá o amparo de famílias de prole numerosa" (Brasil, 1946). Assim, o Estado oferecia uma pensão ao casal que tivesse seis filhos ou mais. Essa era uma medida visando incentivar a natalidade, pois o aumento da população, naquela época, era sinônimo de proteção do território e de desenvolvimento. Esse é um exemplo de uma política populacional intencional, ou seja, que possui objetivos claros referentes à dinâmica populacional.

Pensando na política não intencional, podemos analisar o caso da esperança de vida no Brasil, que tem aumentado consideravelmente desde a década de 1950. Esse é um fator que modifica a dinâmica demográfica, mas que pode ser resultado de outras políticas, como as de saúde. Nesses casos, pesquisas são realizadas para identificar o fator dominante responsável pela mudança.

3.1.1 Políticas populacionais e políticas de Estado

Você deve ter percebido, até aqui, como as políticas populacionais estão ligadas às políticas de Estado de maneira geral. Esse é um tema importante para reflexão, pois sabemos que a melhora nas condições de saúde e de saneamento em um país tem, como consequências, o aumento da longevidade e a diminuição da taxa de mortalidade, entre outros fatores. A intenção de fornecer essas informações é para que você consiga perceber as políticas populacionais relacionando-as com as condições da sociedade em que vive.

Sabemos que a política é historicamente modificada e carregada por questões ideológicas e, desse modo, pode sofrer a influência do interesse de grupos que detêm o poder político em um Estado. Assim, cabe a nós uma análise crítica da situação política em que vivemos e de como medidas que interferem na dinâmica demográfica podem afetar nossa sociedade como um todo. É importante lembrar que as dinâmicas demográficas podem ser afetadas não somente pelas políticas populacionais, mas pela totalidade das políticas do Estado.

Figura 3.1 - Esquema didático das políticas populacionais em relação às políticas de estado

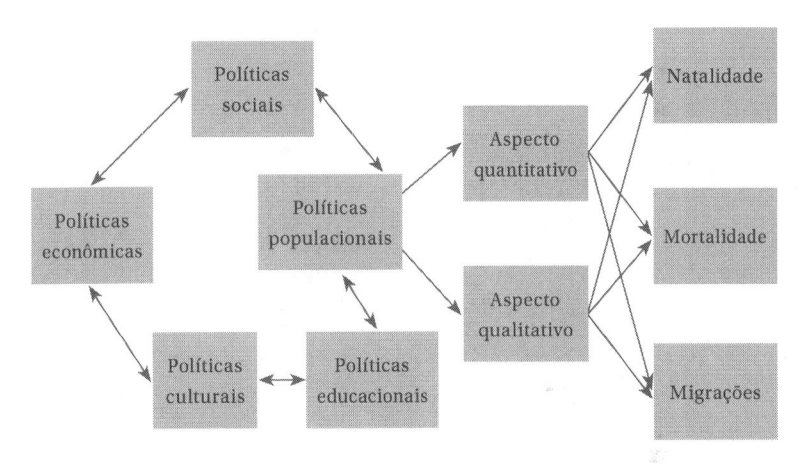

```
                  Políticas                              Natalidade
                   sociais
                                    Aspecto
                                  quantitativo
   Políticas      Políticas
  econômicas    populacionais                           Mortalidade
                                    Aspecto
                                   qualitativo
                  Políticas   Políticas
                  culturais   educacionais              Migrações
```

Para concluirmos esta primeira parte do nosso capítulo, a Figura 3.1 resume a dinâmica das políticas populacionais e seu lugar entre as políticas de Estado. Cabe ressaltar que essa relação não é hierarquicamente constituída, pois é dinâmica: medidas relativas à economia podem influenciar medidas relativas à população e, igualmente, medidas relativas à população podem influenciar medidas relativas à economia, e assim por diante. Mas é preciso atentar à ressalva de que, para as políticas populacionais, os temas mais relevantes constituem-se da análise quantitativa e qualitativa dos seguintes temas: natalidade, mortalidade e migrações.

3.2 Crescimento populacional: abordagem política

Nesta seção, abordaremos o tema das políticas de população aliadas às questões de dinâmica demográfica, como crescimento populacional envolvendo as taxas de natalidade, fecundidade e mortalidade. Esses itens serão abordados, primeiramente, em escala global, para que, posteriormente, possamos abordar a questão da América Latina e, finalmente, a do Brasil.

De início, podemos ressaltar que, historicamente, o aumento ou o decréscimo da população está relacionado ao desenvolvimento de um país. O aspecto econômico, por exemplo, tem relação com o aspecto político, no sentido de que, dependendo do volume populacional de determinado local, o índice de crescimento demográfico torna-se uma variável importante para o desenvolvimento ou para a falência do Estado (Bonavides, 2002).

De acordo com Goldstone, Kaufmann e Toft (2011), as consequências de um crescimento populacional acelerado em uma sociedade com baixo desenvolvimento econômico e pouca disponibilidade de emprego são diferentes do que seria esperado em uma sociedade economicamente desenvolvida. Além do emprego, o aumento da população tem como consequência o aumento na demanda por alimento, educação, transporte, serviços de saúde, recursos hídricos e energia. Contudo, as sociedades apresentam diferentes políticas financeiras e administrativas capazes de responder a essas demandas.

Desde o início do século XVIII, com os primeiros ensaios de Malthus, a questão da população mundial tem sido vista de maneira polêmica. A teoria malthusiana caiu em descrédito, pois, além de não ter crescido em progressão geométrica, a população tem comprovado sua grande capacidade de produzir alimentos. No entanto, o tema do crescimento populacional vem mudando de geração em geração e se diferencia de um país para outro. Os problemas associados à população são, atualmente, relacionados a questões sociais, como pobreza, violência, conflitos étnicos e religiosos e questões ambientais (Teitelbaum; Weiner, 2001).

Se retomarmos, então, um perfil histórico de como o tema relativo ao crescimento populacional tem se modificado, podemos observar melhor as idas e vindas em relação às perspectivas e estimativas dos pensadores sobre o tema. Seguindo a lógica de Teitelbaum e Weiner (2001), durante os séculos XV e XVI, os mercantilistas do velho mundo viam o crescimento populacional como forma de aumento de poder e riqueza da monarquia absolutista. Todavia, na Europa do século XVII, na contrapartida dessa perspectiva, a teoria malthusiana pregava que a população seria a responsável por sua própria miséria, pois não haveria, no futuro, recursos nem alimentos para uma população que cresceria em progressão geométrica.

A visão marxista dos séculos XVIII e XIX propunha que qualquer volume de população poderia ser sustentado em suas necessidades sob a tutela de uma sociedade sem desigualdades (Teitelbaum; Weiner, 2001). Contudo, para esse caso específico, essa teoria não se aplicou: temos o exemplo da China, que acabou enfrentando problemas com o crescimento acelerado da população, sendo obrigada a adotar políticas autoritárias visando o controle populacional e interferindo, dessa forma, no planejamento familiar.

Na atualidade, a questão do planejamento familiar e dos direitos reprodutivos têm sido alvo de polêmica quando o assunto são as políticas populacionais. Sabemos que as intervenções estatais na dinâmica demográfica interferem no crescimento natural da população e que o Estado pode, por meio de política, favorecer a natalidade, a imigração ou a contracepção, por exemplo, visando unicamente controlar a população em termos quantitativos (Verrière, 1991). Entretanto, para chegar a uma esfera global, o controle da população tem que passar pela esfera familiar, por isso, atualmente, a questão do planejamento familiar está fortemente relacionada à questão das políticas de população.

Para finalizar, é importante compreendermos a relação que o crescimento populacional tem com a situação política, econômica e social de determinado país. Na seção seguinte, veremos como a dinâmica é diferente de um local para o outro e como o aspecto do desenvolvimento econômico interfere na formulação de políticas populacionais.

3.3 Políticas de população no âmbito mundial

Nesta seção, abordaremos as políticas de população adotadas ao redor do mundo, com destaque para aquelas que tiveram mais repercussão. Faremos a revisão sobre essas políticas analisando suas particularidades e como elas afetam as dinâmicas da população. Para isso, vamos tomar como ponto de partida o aspecto regional do crescimento demográfico, aceitando que essa dinâmica é diferente entre continentes, grandes regiões e países. Quando pensamos no crescimento natural da população mundial, temos de considerar que a média é feita com base em cálculos e estimativas que consideram todos os continentes, mas que isso não significa que a situação é igual em todas as partes. Assim, é importante esclarecer que a diferença entre as taxas de natalidade e de mortalidade bruta nos indica o crescimento natural da população e que a taxa de fecundidade está mais diretamente relacionada ao potencial de crescimento da população.

Estudo de caso

A intervenção do Estado no controle populacional chinês

Tomando como exemplo a China, Alves (2004) relata que, quando o governo comunista assumiu o poder, o país já era o primeiro do mundo em número de pessoas e as políticas adotadas pelo Estado em relação à saúde diminuíram notavelmente a taxa de mortalidade, acelerando ainda mais o crescimento demográfico. Em meados da década de 1950, a China enfrentava problemas econômicos ao mesmo tempo em que a população crescia em ritmo acelerado. O rápido crescimento demográfico, associado ao agravamento da crise econômica, complicou a disponibilidade de empregos, educação e saúde no país. Assim, o governo chinês começou a criar medidas para controlar a natalidade, por meio da legalização da esterilização e do aborto, que antes eram proibidos no país.

A partir da década de 1970, foi instituída no país a política do filho único, a qual consiste numa lei que proíbe os casais chineses de terem mais de um filho (com algumas exceções, conforme veremos em informações complementares). Como um dos resultados principais dessa política, podemos observar a queda da taxa bruta de natalidade (número de crianças nascidas a cada 1.000 habitantes) de 33,4 em 1970 para 12,1 em 2011 (Google, 2015a). A China foi o único país do mundo a tomar uma medida tão drástica de controle de natalidade. Essa política adotada pelo governo chinês despertou discussões a respeito de o quanto o Estado poderia interferir no planejamento familiar e na liberdade da população.

Além de despertar a reflexão sobre a liberdade no planejamento familiar, uma medida como essa afeta a dinâmica da população, pois causa o seu envelhecimento, que, por sua vez, pode se tornar um sério problema para uma sociedade, uma vez que a população em idade ativa não consegue gerar renda necessária para atender toda a população, o que acarreta problemas também no setor de previdência.

Qual fator despertou o crescimento acelerado da população chinesa? Quais os pontos negativos do crescimento positivo acelerado?

Quando a República Popular da China foi fundada, em 1949, a região encontrava-se em uma situação de fragilidade econômica, além de estar parcialmente destruída por guerras civis antecedentes à fundação. Com isso, a indústria no país ficou completamente destruída e o governo viu uma alternativa de crescimento na agricultura. Para isso, era necessário que houvesse mão de obra suficiente tanto para trabalhar na agricultura e resolver o problema da fome no país quanto para reerguer a indústria e a economia do Estado. Assim, foram lançadas campanhas de incentivo à natalidade. Porém, o crescimento fugiu do controle, fazendo com que a população crescesse muito em um curto período de tempo. Isso ocasionou a falta de recursos e alimentos para a população, resultando no seu empobrecimento, o que gerou, inclusive, um aumento na taxa de mortalidade devido à falta de recursos (Wang, 2011).

Quais medidas o governo chinês tomou para diminuir a taxa de natalidade e conter o crescimento da população?

De acordo com Wang (2011), primeiramente, o governo lançou campanhas isoladas de planejamento familiar, a partir de meados da década de 1960. Contudo, em 1979, essas políticas isoladas foram substituídas por uma única, que tinha como lema "Tarde, escasso e pouco". A intenção era de que os casais se casassem tarde. Só depois de quatro anos do nascimento do primeiro filho é que o casal poderia ter um segundo, sendo dois o número máximo de filhos por casal, se o primeiro fosse do gênero masculino. Essa medida ficou conhecida como a *Política do filho único*. A política foi aplicada no estado sob a justificativa de que a limitação do crescimento aumentaria a qualidade de vida da população. Constam, na Constituição da República Popular da China, artigo 49, disposições sobre a política do planejamento familiar. A política obriga que um casal da etnia Han tenha apenas um filho, podendo pedir autorização para ter um segundo filho de acordo com as condições propostas no regulamento:

» Se o primeiro filho tiver uma deficiência comprovada pelo hospital distrital.
» No caso de casamento em segundas núpcias, em que um dos membros do casal tenha um filho, mas o outro não; ou no caso em que os dois membros do casal tenham filhos, mas que não vivam com eles.
» Se depois de 5 anos de casamento, o casal não tiver tido filhos por motivo de doença, esse casal poderá adotar. No entanto,

se, depois da adoção, a mulher engravidar, neste caso também será permitido o segundo filho;

» Se os dois membros do casal forem filhos únicos;
» Se um dos membros do casal tiver um trabalho de risco há mais de 5 anos, como um trabalho nas minas ou nas profundezas do Oceano;
» Se ambos forem camponeses e a primeira criança que nascer for uma menina. (Citado, traduzido e adaptado por Wang, 2011, p. 21-22)

Essa política implantada na China pode ter resolvido em partes a questão que assolava o país em 1940: a falta de alimentos. Contudo, é uma política incisiva que interfere na liberdade das famílias e das mulheres chinesas. A preferência por crianças do gênero masculino fez com que muitas mulheres optassem pelo aborto ou pelo abandono e tráfico de crianças do gênero feminino.

Nos últimos dois anos, houve um relaxamento na política do filho único na China. Já havia algumas exceções em relação a populações rurais ou a minorias étnicas, situações em que casais poderiam ter até dois filhos se o primeiro filho fosse do sexo feminino. Contudo, o perigo do envelhecimento maciço da população e o risco da falta de mão de obra levou o governo chinês a permitir que alguns casais (quando um dos pais é filho único) tenham até dois filhos, independente do sexo do bebê.

A história da questão demográfica na China é didática e ilustra como os problemas com a questão do crescimento populacional desenfreado podem prejudicar uma nação.

O segundo país mais populoso do mundo, a Índia, também lançou políticas de controle populacional. O programa de planejamento familiar indiano, instituído em meados da década de 1950, visava controlar o crescimento populacional por meio do incentivo ao uso de contraceptivos e pela educação sexual. O programa incentivava até dois filhos por casal e, assim, a taxa de natalidade bruta na Índia passou de 42 em 1960 para 20,7 em 2011 (Google, 2015a), ou seja, foi reduzida pela metade.

Gráfico 3.1 - Taxa de natalidade bruta em países populosos

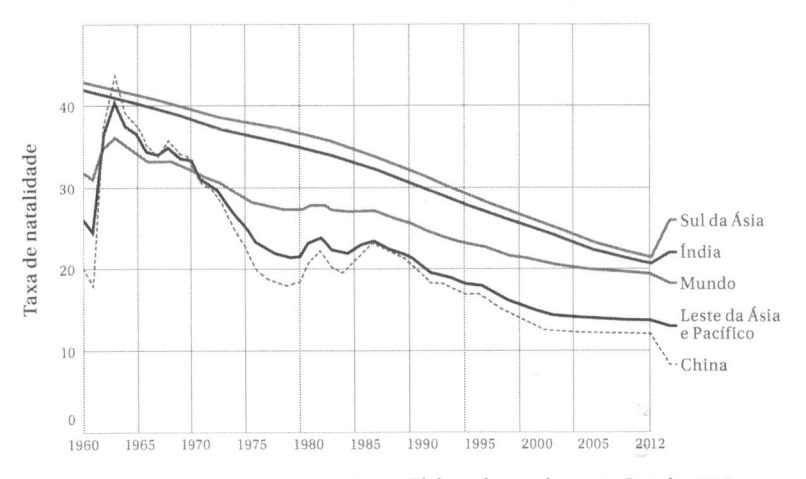

Fonte: Elaborado com base em Google, 2015a.

A partir das afirmações anteriores, podemos inferir que o controle com vistas ao decréscimo na taxa de crescimento populacional está associado, na maioria dos casos, a países em desenvolvimento. Ou seja, os países que apresentam taxa de fecundidade elevada o suficiente para reposição e aumento da população são aqueles cuja economia ainda é pouco desenvolvida. A busca pela diminuição das taxas de natalidade nesses países está associada a problemas de demanda social e econômica, como emprego, habitação, saneamento, saúde, alimentação e acesso a recursos naturais.

Em contrapartida a esses casos, estão os países chamados *desenvolvidos*. Em grande parte desses países, principalmente da Europa, as políticas demográficas são voltadas ao incentivo à natalidade, como a Suécia e a Alemanha, que têm políticas explicitamente natalistas[i]. As medidas adotadas para incentivar que os casais tenham mais filhos nessas regiões incluem melhorias na saúde da mulher, tempo estendido de licença-maternidade e licença-paternidade, planos pré-natal gratuitos e de qualidade e pagamento de pensões por filho, visando auxiliar nos custos da família ou permitir que a mãe ou o pai deixe o emprego para cuidar dos filhos. Tudo isso ocorre com o objetivo de aumentar a taxa de fecundidade, para que seja possível repor a população, evitando seu envelhecimento e uma crise no desenvolvimento desses países.

Nos países desenvolvidos, a redução da taxa de fecundidade ocorreu de maneira espontânea, tendo em vista vários fatores, como acesso a informação, educação sexual e contraceptivos, além da inserção da mulher no mercado de trabalho. Alguns países em desenvolvimento ainda tem taxas de fecundidade muito altas e outros estão baixando as taxas lentamente, especialmente nas últimas duas décadas, na medida em que são inseridas políticas de Estado que possibilitam essa diminuição.

Em algumas regiões de extrema fragilidade socioeconômica, como a África subsaariana, o crescimento populacional ainda ocorre de maneira muito acelerada. Nessa região, a taxa de fertilidade registrada foi de 5,11 em 2012, que é o dobro da taxa registrada na Índia, por exemplo. De acordo com as Nações Unidas (United Nations, 2015), em 2015 a população mundial chegou a 7,3 bilhões e, mesmo com o decréscimo nas taxas de fertilidade (Gráfico 3.2), as projeções são de que a população chegará em 9,7 bilhões em 2050 e 11,2 bilhões em 2100. Além disso, presume-se que grande parte dessa população estará nos países em desenvolvimento,

---

i. Política que tem por objetivo aumentar o crescimento populacional.

que apresentarão um crescimento populacional mais acelerado, enquanto que, nos países desenvolvidos, as mudanças esperadas são mínimas, de 1,25 bilhão de pessoas em 2013 para 1,28 bilhão em 2100. Vale destacar que inseridos nesse crescimento estão os 2,4 milhões de imigrantes esperados anualmente, oriundos dos países em desenvolvimento para os países desenvolvidos.

Gráfico 3.2 - Taxa de fertilidade nas grandes regiões mundiais

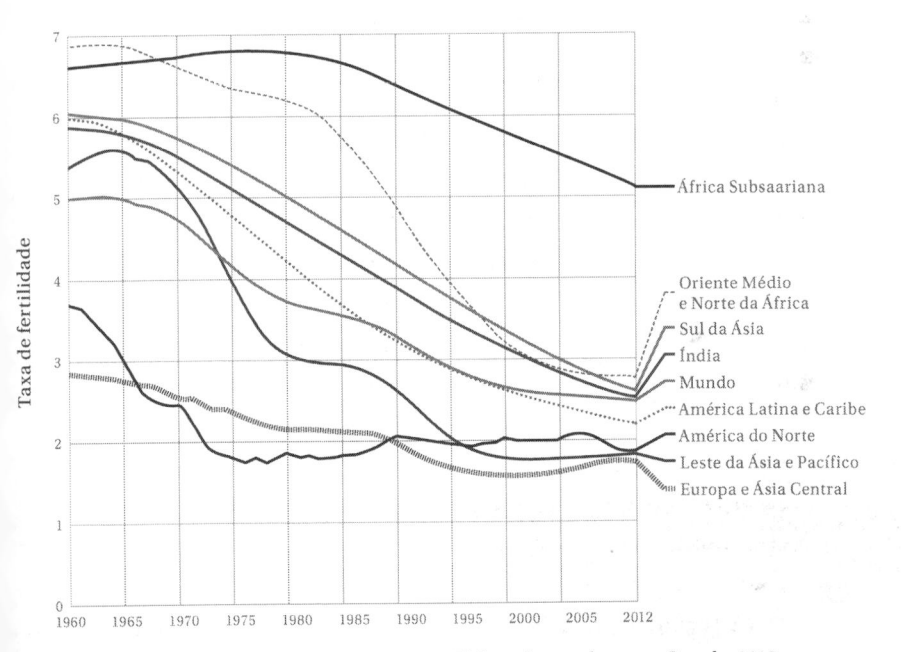

Fonte: Elaborado com base em Google, 2015a.

Ao observarmos o Gráfico 3.2, que representa a taxa de natalidade nas grandes regiões do mundo desde 1960 até 2012, percebemos uma queda seguida por uma aparente estabilidade. A única região que apresenta aumento na taxa de fertilidade na última década é a região da Europa e Ásia central, com um aumento da taxa de 1,58 em 2005 para 1,72 em 2012.

Sabemos que medidas de controle de contracepção e políticas que visam diminuir as taxas de natalidade despertam questões morais e de cunho religioso, bem como questões relacionadas aos direitos humanos e reprodutivos. Contudo, precisamos atentar para a situação local e analisar, sob uma perspectiva crítica, a existência de políticas de contracepção. Alves (2006) nos atenta para a importância dos avanços da humanidade nos últimos 200 anos no que se refere aos meios de redução da mortalidade e de regulação da fecundidade.

Para concluirmos a seção, é importante lembrarmos que, ao mesmo tempo em que existem países com taxas de fecundidade muito elevadas, outros apresentam a mesma taxa abaixo do nível esperado, ou seja, abaixo do nível de reposição da população. Nesse sentido, Alves (2006) destaca que o ideal seria que as políticas formuladas no âmbito da regulação demográfica fossem políticas participativas e democráticas, visando a um bem comum e, principalmente, respeitando os direitos humanos e reprodutivos, como as políticas que visam à diminuição da mortalidade, por exemplo. Mesmo com o controle populacional, em muitos países, a mortalidade sempre foi combatida por uma questão moral de direito à vida.

Na seção seguinte, iremos abordar brevemente os avanços na diminuição de mortalidade e no aumento da esperança de vida da população mundial.

3.4 Taxas de mortalidade no Brasil e no mundo

Como dissemos anteriormente, diminuir as taxas de mortalidade é uma questão de direito à vida, e as políticas públicas, principalmente as relacionadas à saúde, têm contribuído para a diminuição dessa taxa e para o aumento da expectativa de vida.

Nas últimas décadas, os avanços na ciência e na área da saúde possibilitaram a diminuição da taxa média de mortalidade bruta mundial antes dos 5 anos de idade, que passou de 151,12 óbitos para cada 1.000 nascidos na década de 1970 para 57,89 óbitos para cada 1.000 nascidos vivos em 2010. A expectativa de vida também aumentou, passando de 52 anos em 1960 para 70,7 anos em 2011 (Google, 2015c). De acordo com as Nações Unidas (United Nations, 2015), a queda na taxa de mortalidade durante o século XX foi a mais rápida da história. E a expectativa de vida deve continuar aumentando, chegando a uma média de 82 anos entre 2095 e 2100. Os países desenvolvidos contribuem de maneira mais significativa para a média do aumento da expectativa de vida. Por exemplo, a projeção para as regiões mais desenvolvidas é de que a expectativa de vida chegue a 88,9 anos entre 2095 e 2100, enquanto que, nas regiões em desenvolvimento, a expectativa pode chegar a 80,8 anos no mesmo período.

Tabela 3.1 – Projeção de expectativa de vida: mundo e grandes regiões

Grandes áreas	2005-2010	2045-2050	2095-2100
Mundo	68,7	75,9	81,8
Regiões desenvolvidas	76,9	82,8	88,9
Regiões em desenvolvimento	67	74,8	80,8
África	55,6	68,9	77,1
Ásia	70,3	76,9	83
Europa	75,3	81,3	87,9
América Latina e Caribe	73,4	81,8	87,9
América do Norte	78,4	83,7	89
Oceania	76,8	81,7	86,6

Fonte: Elaborado com base em Desa, 2013.

Assim, percebemos que as políticas públicas de saúde (como campanhas de vacinação, controle de epidemias, melhoria da saúde materna e combate ao HIV) contribuem para a diminuição da mortalidade e para a melhoria da qualidade de vida. Apesar de as médias anuais mostrarem-se otimistas, sabemos que a qualidade de vida não chega a todas as regiões do planeta. A desigualdade é presente em muitas sociedades, principalmente nos países em desenvolvimento.

Para refletir

Você já deve ter ouvido falar nos Objetivos do Milênio, organizados pelo Programa das Nações Unidas para o Desenvolvimento (Pnud). O programa apresenta um projeto com oito objetivos para serem cumpridos até 2015. Entre os objetivos, os mais pertinentes para este tema que estamos estudando são: reduzir a mortalidade na infância (PNUD, 2015d), melhorar a saúde materna (PNUD, 2015c) e combater o HIV/Aids, a malária e outras doenças (PNUD, 2015b). De acordo com dados do Atlas do Desenvolvimento Humano no Brasil (2013), o Brasil já atingiu a meta de redução da mortalidade na infância, passando de 53,7 em 1990 para 17,7 mortes por mil nascidos vivos em 2011. No que diz respeito à melhoria da saúde materna, o Brasil está acima da média dos outros países da América Latina. Desde 1990, a taxa de mortalidade materna caiu 55% e o combate a doenças, como HIV, também tem evoluído no Brasil e no mundo. No Brasil, a taxa de pessoas com HIV se estabilizou em torno de 20 para cada 100 mil habitantes.

3.5 Políticas populacionais na América Latina e no Brasil

Durante o século XIX e até meados do século XX, as políticas populacionais na América Latina podem ser consideradas políticas expansionistas, ou seja, os governos abriam as fronteiras aos imigrantes ao mesmo tempo em que incentivavam o aumento da taxa de fecundidade, objetivando o desenvolvimento do Estado nos países que compõem a América Latina.

As políticas públicas de cunho natalista na América Latina tinham como motor a expansão e a ocupação do território, ou seja, o crescimento populacional era necessário, pois visava à ocupação e à exploração do continente. As medidas adotadas para acelerar o aumento populacional eram, em sua maioria, políticas implícitas, que visavam à redução da mortalidade, assistência às famílias e à maternidade. Vale ressaltar que medidas como o aborto eram proibidas e a força moral e religiosa da época tinha uma opinião conservadora a respeito dos métodos contraceptivos. Apenas o México apresentou políticas explícitas de expansão por meio de uma lei, na década de 1940, que incentivava a imigração e criava medidas de melhoria no sistema de saúde visando ao aumento vegetativo da população (Alves, 2004; Miró, 1987).

Outro fator que auxiliou o crescimento populacional foi a imigração. No Brasil, por exemplo, a imigração internacional recebia incentivo do Estado, principalmente no sul do país, com o objetivo de povoamento. Com isso, o contingente de imigrantes contribuiu efetivamente para o crescimento populacional.

Ao longo da história do Brasil, as políticas populacionais de incentivo ao crescimento ocorreram durante o governo de Getúlio Vargas, que apresentava claramente uma política expansionista. Essas políticas foram apresentadas por meio de leis que estabeleciam a proibição do aborto e da esterilização e o incentivo (presente na Constituição de 1937) às famílias numerosas, assegurando a essas famílias a proteção do Estado e a diminuição de seus impostos (Alves, 2006).

De acordo com Miró (1987), a taxa de fecundidade da América Latina, estabilizada em um nível alto, aliada a medidas de saúde que promoveram uma queda na mortalidade, teve como consequência um crescimento populacional muito acelerado. A população que, em 1940, era de aproximadamente 124 milhões, passou para 240 milhões em 1965, ou seja, a população da América Latina dobrou em um período de 25 anos. Com isso, a partir da década de 1960, o panorama começou a ser preocupante, pois o crescimento econômico não estava acompanhando o crescimento populacional e uma crise social e econômica se aproximava.

A partir desse histórico, podemos inferir que houve, na América Latina, o início de uma preocupação a respeito das consequências de uma explosão demográfica em um Estado desestabilizado economicamente. A situação foi, então, revertendo-se e, em meados da década de 1970, alguns países da América Latina já apresentavam medidas de contenção do crescimento populacional. Segundo Miró e Potter (1980, citados por Alves, 2004), em 1978, os seguintes países adotaram medidas de redução da fecundidade: Barbados, Colômbia, El Salvador, Guatemala, Jamaica, México, República Dominicana e Trinidad-Tobago. Por outro lado, países como Brasil, Chile, Costa Rica, Cuba, Equador, Haiti, Honduras, Nicarágua, Panamá, Paraguai, Peru e Venezuela adotaram programas públicos de planejamento familiar, visando à diminuição do crescimento populacional.

Voltando nossa atenção ao Brasil dessa mesma época, entre as décadas de 1920 e 1970, houve uma diminuição da imigração internacional para o país – enquanto que no ano de 1910, por exemplo, o número de imigrantes no país era de 190 mil, em 1960 esse número caiu para 40 mil (IBGE, 2000). A taxa de crescimento também sofreu alterações, passando de 1,49%/ano nas décadas de 1920/1930 para 2,99%/ano na década de 1950. Até essa época, a economia do país, baseada fortemente em atividades agrícolas, favorecia o casamento precoce e a família numerosa, o que, por consequência, favorecia o crescimento populacional (Alves, 2006). A partir de 1950, o crescimento tornou-se decrescente, chegando a 2010 com uma taxa de apenas 1,12% ao ano.

Apesar da diminuição na taxa de crescimento, o Brasil não apresentou nenhuma política pública com vistas ao controle nas taxas de fecundidade. Com o surgimento da pílula anticoncepcional e de outros métodos contraceptivos, começaram a circular na sociedade brasileira expressões que remetiam a planejamento familiar, paternidade responsável e controle de natalidade. Com isso, na ausência de políticas públicas relativas ao controle populacional, a indústria farmacêutica e da saúde tomaram a iniciativa de difundir métodos de contracepção. A partir disso, foram formadas organizações com o objetivo de auxiliar o planejamento familiar, como a Sociedade Bem-estar da Família (BemFam), o Centro de Pesquisa e Assistência Integral à Mulher e a Criança (CPAIMC) e a Associação Brasileira de Entidades de Planejamento Familiar (ABEPF) (Alves, 2006).

Para finalizar este capítulo, pensemos na questão do planejamento familiar no Brasil de hoje. Atualmente, a questão dos métodos contraceptivos é difundida entre as diversas esferas sociais, principalmente quando se trata do preservativo, que se caracteriza, acima de tudo, como um método de proteção contra doenças sexualmente transmissíveis, e da educação sexual nas escolas. Contudo, percebe-se que as famílias mais numerosas ainda são aquelas com menor acesso a recursos, que se encontram em situação de fragilidade social e econômica. Com base nisso, podemos refletir a respeito de como as políticas públicas poderiam agir nesses casos com maior eficiência, evitando o aborto ilegal e o abandono e melhorando a condição das famílias mais pobres no Brasil.

Síntese

Após a leitura deste capítulo, é importante que você seja capaz de compreender como as políticas afetam as dinâmicas populacionais, como o crescimento demográfico. Resumidamente, podemos concluir que: 1. as políticas de Estado podem influenciar direta ou indiretamente a população, contudo, as políticas populacionais são aquelas ligadas a natalidade, mortalidade e migrações; 2. os aspectos socioeconômicos de determinado país afetam o crescimento demográfico e, consequentemente, as políticas a ele relacionadas; 3. as taxas de fertilidade, fecundidade e natalidade apresentam dinâmicas diferenciadas, de acordo com o grau de desenvolvimento de cada país; 4. questões, como planejamento familiar, direitos reprodutivos e direitos humanos são polêmicas na esfera das políticas populacionais.

Indicações culturais

Site

ONU BR – Nações Unidas no Brasil. Disponível em: <http://nacoesunidas.org>. Acesso em: 9 nov. 2015.

O site *das Nações Unidas no Brasil apresenta uma série de informações sobre a situação da população mundial. As informações têm caráter qualitativo e quantitativo.* O site *apresenta publicações relacionadas à questão de controle de epidemias e outras doenças, controle da mortalidade infantil, controle de natalidade, entre outras.*

Atividades de autoavaliação

1. Em relação ao conceito de *política populacional*, assinale V para as alternativas verdadeiras e F para as falsas:
    ( ) Trata-se de um conjunto coordenado e combinado de decisões adotadas por órgãos ou instâncias responsáveis pelo tema população.
    ( ) Pode ser compreendido como o posicionamento da população em relação à política do Estado.
    ( ) Toda política do Estado está diretamente relacionada à população.

( ) É possível estudá-lo tendo três tópicos por base: natalidade, mortalidade e fluxo de pessoas.

( ) Pode ser entendido como um processo dinâmico que busca alinhavar interesses comuns, a fim de dar base a um posicionamento por parte de um poder maior (por exemplo, do Estado) acerca da população.

Agora, assinale a alternativa que corresponde à sequência correta:

a) V, F, F, V, V.
b) F, V, F, V, V.
c) V, V, F, V, F.
d) F, V, V, F, V.

2. Considerando algumas medidas tomadas nas políticas populacionais para o controle das dinâmicas demográficas, assinale a alternativa correta:

a) A taxação de impostos a pais com mais de um filho é uma política reativa, que visa ao crescimento da população local.

b) O controle fronteiriço do fluxo de pessoas objetiva o aumento da população do país de procedência do imigrante e, consequentemente, a diminuição da sua própria população.

c) O fornecimento de pensão a famílias que tenham mais de um filho tem como objetivo a diminuição da população local. Esse tipo de política pode ser classificado como política explícita.

d) A pena de morte pode ser concebida como uma política populacional implícita, uma vez que aumenta a taxa de mortalidade, e pode também ser considerada como uma medida de segurança.

3. Sobre a relação entre a condição econômica de uma sociedade e sua população, é correto afirmar:
   a) O crescimento populacional é mais elevado em países desenvolvidos, já que as condições sociais favorecem esse processo.
   b) A taxa de mortalidade em países em desenvolvimento é menor do que a taxa de natalidade, o que faz com que haja um decréscimo da população absoluta.
   c) Políticas para redução da taxa de fecundidade são comuns em países em desenvolvimento. Um exemplo disso ocorre na Índia, país que incentiva o uso de contraceptivos e tem projetos para a educação sexual.
   d) Políticas natalistas são mais comumente vistas em países desenvolvidos. Elas têm por objetivo aumentar a taxa de fecundidade, evitando o envelhecimento e uma crise no desenvolvimento.

4. Sobre as políticas populacionais no Brasil e na América Latina, assinale a alternativa correta:
   a) Durante toda a história do Brasil, as políticas populacionais foram de caráter expansionista, em busca do aumento da população nacional.
   b) O Brasil apresentou políticas públicas explícitas visando ao controle nas taxas de fecundidade, porém não adotou programas públicos de planejamento familiar, visando à diminuição do crescimento populacional.
   c) Devido ao grande crescimento da população nas décadas anteriores, a partir da década de 1960, as políticas populacionais se transformaram, tendo em vista a contenção da explosão demográfica e seus problemas econômicos e sociais.

d) Não houve políticas públicas explícitas na América Latina para conter a explosão demográfica. Medidas educacionais e na área da saúde foram as únicas maneiras encontradas pelos governos para conter o avanço populacional.

5. O rápido crescimento demográfico, associado ao agravamento da crise econômica, estava complicando a situação da disponibilidade de empregos, da educação e saúde na China. Assim, o governo chinês criou medidas visando ao controle da natalidade por meio da legalização da esterilização e do aborto, medidas antes proibidas no país.

Em contrapartida à ação do Estado chinês, quais são os problemas advindos da queda nas taxas de natalidade?

a) Envelhecimento da população, com a consequente redução da população ativa, gerando falta de mão de obra e quebra no setor previdenciário.

b) Crescimento excessivo da população ativa, causando desemprego e falta de recursos naturais.

c) Aumento do número de imigrantes, causando a descaracterização da população local.

d) Aumento do êxodo rural, causando falta de alimentos, já que as cidades passam a ter mais postos livres de trabalho.

Atividades de aprendizagem

Questões para reflexão

1. De acordo com as conclusões deste capítulo, questões como planejamento familiar, direitos reprodutivos e direitos humanos são polêmicas na esfera das políticas populacionais. Esse tema torna-se polêmico a partir do momento em que interfere em escolhas pessoais e familiares, como a opção de ter filhos. Com

base nos temas abordados aqui, faça uma reflexão a respeito de como o Estado pode interferir nas escolhas do cidadão por meio de políticas públicas.

2. De acordo com Alves (2004), o caráter **democrático** ou **autoritário** de uma política populacional vem da sua origem, sendo ela participativa ou centralizada. Diferencie *política participativa* de *política centralizada* e busque exemplos, na região em que vive, de ações políticas democráticas e ações políticas autoritárias.

Atividades aplicadas: prática

1. A empresa Google tem, atualmente, um convênio com o Banco Mundial, por meio do qual muitos dados são disponibilizados em formatos de gráficos. Nesses gráficos, é possível comparar diferentes dinâmicas sociais relacionadas à saúde, ao ambiente, à educação, entre outros indicadores. Busque na internet os termos *saúde, natalidade, mortalidade* e *fecundidade*. Depois, associe esses termos a países ou regiões específicas e compare as taxas.

2. No *site* do Planalto, é possível pesquisar leis e decretos nacionais, por meio de palavras-chave ou pelo ano de publicação. Busque termos relativos às dinâmicas demográficas e verifique a presença de leis relativas a esse tema. Sugestões de termos: *imigrante, imigração, estrangeiros*, entre outros. Abra as leis e veja as posições oficiais sobre o assunto. Observe as datas de publicação, bem como as modificações nos documentos e relacione esses dados.
BRASIL. Palácio do Planalto. Disponível em: <http://www2.planalto.gov.br>. Acesso em: 9 nov. 2015.

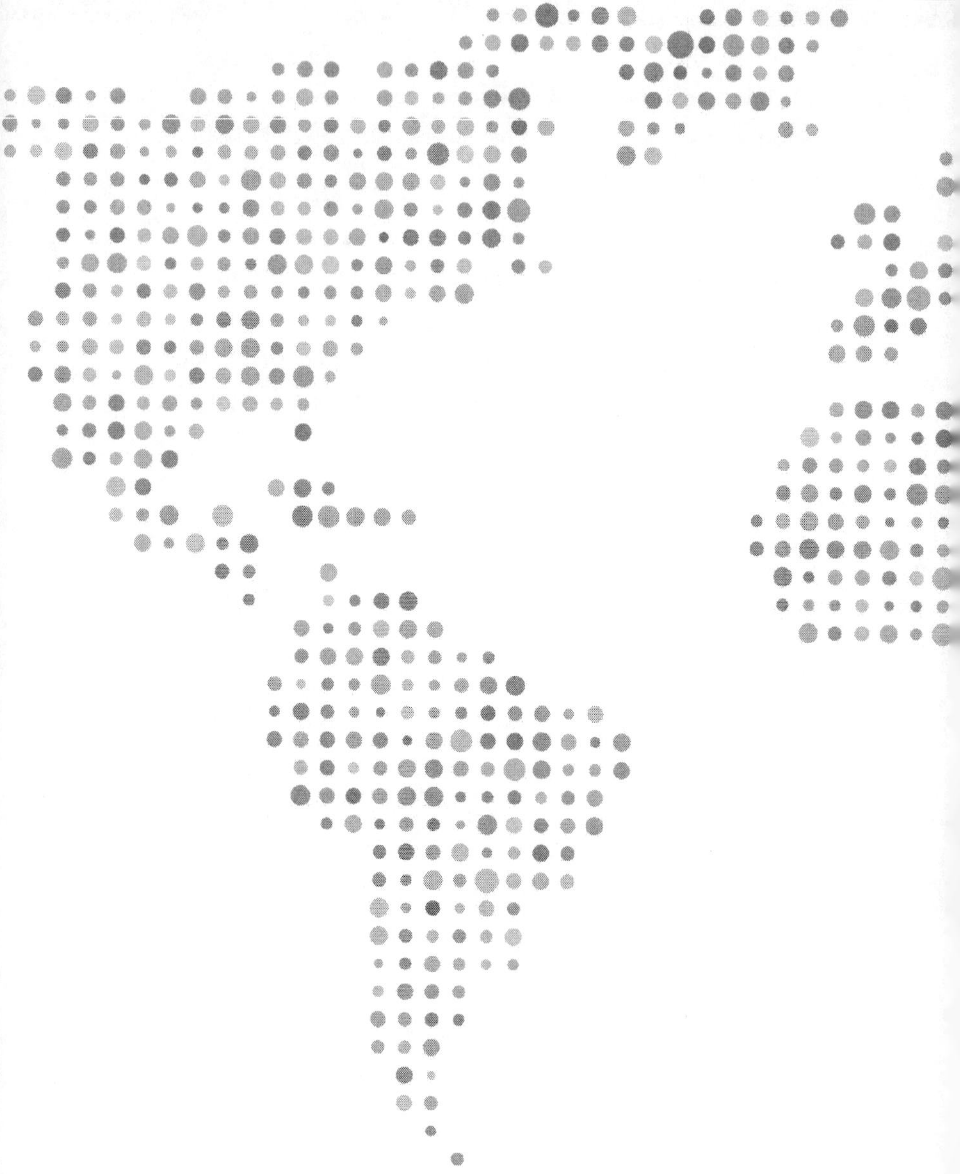

4
Movimentos migratórios internacionais e nacionais

Para iniciar nosso capítulo sobre migrações, é importante, primeiramente, conceituarmos alguns termos. Na literatura, encontramos definições diversas que carregam uma carga ideológica e histórica a respeito de termos como *imigrante* ou *refugiado*, por exemplo. Contudo, a essência por trás desses termos é a mesma, e é essa característica principal que queremos apresentar a você a partir de agora. Para oferecer um padrão aos conceitos, utilizaremos como fonte principal a obra *Derecho internacional sobre migración: glosario sobre migración*, publicada em 2006 pela Organização Mundial para as Migrações (OIM, 2006).

Obviamente, o primeiro conceito importante é o de *migração*. **Afinal, no que consiste a ação de migrar?** A migração é definida como o **movimento** da população para outro território, dentro ou fora do Estado de origem. A ação de saída do território de origem classifica a migração, independentemente do número de pessoas, da composição ou das causas (OIM, 2006). As migrações também podem ser classificadas da seguinte forma:

» **Migração assistida**: Movimento migratório realizado com assistência de um ou mais governos ou de uma organização mundial.
» **Migração clandestina**: Ocorre quando o migrante não possui os requisitos legais para a entrada em outro território, infringindo as leis que regulamentam a imigração; portanto, a migração clandestina caracteriza o *migrante ilegal*.
» **Migração de retorno**: Caracteriza o retorno do migrante ao seu país de origem; o regresso ocorre, geralmente, depois de um ano da sua partida.
» **Migração espontânea**: Consiste na migração que ocorre sem assistência, ou seja, o planejamento e a execução do ato de migrar é do próprio migrante ou do grupo de migrantes.

» **Migração forçada:** Migração que ocorre independente da vontade do migrante, ou seja, em casos em que ele é coagido a sair de seu local de origem por causas naturais ou humanas, como desastres, catástrofes naturais ou conflitos políticos.

» **Migração interna:** Fluxo de pessoas dentro do território de um país. Pode ser temporária ou permanente. Por exemplo, pessoas que migram para estudar em outra região e depois retornam ao seu local de origem ou pessoas que se mudam de uma região para outra permanentemente devido a uma oportunidade de trabalho.

» **Migração internacional:** Migração de um país para outro, também pode caracterizar-se como *temporária* ou *permanente*.

» **Migração massiva:** Migração de um grande número de pessoas no mesmo período, geralmente pela mesma causa.

Agora que entendemos um pouco mais sobre migrações, resta-nos saber sobre aquele que migra. **Afinal, como podemos entender o *migrante*?** Não existe uma definição padrão mundial para esse termo. De acordo com Gallo e Marandola Junior (2010), pensar numa conceituação para o migrante remete à questão da migração como fenômeno, como ela é vivida e se estabelece para o migrante. Numa abordagem mais prática, podemos entender que o migrante é aquele que se desloca de um local para outro, por determinado período de tempo, com objetivos que se diferem de pessoa para pessoa.

Assim como acontece o fenômeno da migração, o migrante também recebe algumas classificações, de acordo com a OIM (2006):

» **Migrante qualificado:** É aquele cujas competências e qualificações (profissionais, por exemplo) são um diferencial e interferem no seu ato de migrar. Por exemplo, uma empresa busca um empregado com uma qualificação predeterminada em outro país.

» **Migrante de curto e longo prazo:** O migrante de curto prazo distancia-se de seu local de origem por, no mínimo, três meses e, no máximo, um ano, enquanto que o migrante de longo prazo distancia-se de seu local de origem por pelo menos um ano.

O migrante também caracteriza-se, de acordo com sua ação, como *emigrante* ou *imigrante*. O **emigrante** está relacionado ao fenômeno da emigração, o qual consiste na ação de deixar ou ausentar-se de um determinado local com o propósito de entrar ou se estabelecer em outro. Essa ação pode ocorrer na escala de município, estado, região ou país. Por outro lado, o **imigrante** está relacionado à imigração, ou seja, o processo de estabelecimento de uma pessoa em um local que não é o seu de origem. Dessa forma, entendemos que, no momento em que o indivíduo deixa seu local de origem para se estabelecer em outro, caracteriza-se como *emigrante*, e no momento em que se estabelece em novo local, que difere de seu local de origem, caracteriza-se como *imigrante*.

Os termos *deslocado* ou *deslocamento* também podem se confundir na esfera das migrações, pois podem estar relacionados a um deslocamento forçado, como define a OIM (2006): os **deslocados** caracterizam-se como aqueles que foram forçados ou obrigados a deixar seu local de origem em condição de fuga, enquanto o **deslocamento** pode ocorrer devido a desastres naturais ou conflitos humanos. Dessa forma, aproxima-se do conceito de migração forçada, podendo ocorrer deslocamento em escala regional, nacional ou internacional.

Na mesma esfera do deslocado está também outro termo que iremos abordar no decorrer deste capítulo: *refugiado*. A OIM (2006) define **refugiado** como aquela pessoa que, por motivos de perseguição racial, religiosa ou política, sai de seu país devido ao risco em potencial que essa perseguição pode representar. O mesmo órgão ainda classifica como **refugiado de fato** aquele que, além de deixar seu país, não pretende regressar.

4.1 Fatores que impulsionam os movimentos populacionais

Tendo conhecido os termos de maior relevância para nosso estudo das migrações, vamos agora tentar compreender os motivos que fazem com que as pessoas migrem de um local para outro. Esses motivos são de natureza variada e carregam consigo uma complexidade que depende da individualidade de cada um. É possível elencar as causas principais que levam ao fenômeno da migração, podendo o migrante se identificar com uma ou mais causas. Assim, entre os fatores que impulsionam os fenômenos migratórios, podemos identificar: fatores socioeconômicos, fatores culturais, fatores políticos ou fatores naturais.

Os motivos mais comumente associados aos movimentos migratórios são os de **ordem socioeconômica** – ou seja, quando constatamos que um indivíduo migrou para outro local na busca por "melhores condições de vida", inferimos que o local em que esse indivíduo estava até o momento da migração era desfavorável para a sua situação econômica e social. Essas condições podem ser atribuídas à pessoa e também à própria sociedade, que poderia não estar favorecendo as oportunidades de que essa pessoa necessitava para obter qualidade de vida no sentido social e econômico.

Os **fatores culturais** estão atrelados fortemente à religião e a questões étnicas e raciais, ou seja, associamos os fatores culturais da migração aos motivos que levam uma pessoa ou um grupo de pessoas a sair do local onde estão instaladas devido à insatisfação com relação à liberdade religiosa e cultural. Assim, podemos classificar uma migração como *voluntária* ou *forçada*, advinda de perseguição. Como exemplo, podemos citar os judeus na época da Segunda Guerra Mundial, que sofriam perseguição simplesmente pelo fato de serem judeus. O mesmo ocorre atualmente no Oriente Médio, onde os extremistas perseguem aqueles que fogem às regras do islamismo, por exemplo.

Os **fatores políticos** são comparáveis aos fatores culturais. Quando uma pessoa ou um grupo de pessoas migra devido à não conformidade com a situação política do Estado em que vive, essa situação pode caracterizar-se como perseguição, pois o indivíduo ou grupo pode ser perseguido por expressar suas opiniões políticas, as quais geralmente são opostas à política executada pelo Estado de poder. Esses casos são mais comuns quando há regimes autoritários no poder, como as ditaduras. Outro caso que caracteriza emigração por fatores políticos é o de países que entram em guerra civil ou conflitos armados, situação que também leva aos fenômenos de emigração.

Os **aspectos naturais** que caracterizam as migrações podem ser desastres ou catástrofes naturais que impossibilitem a qualidade de vida no local. Esses desastres podem ser de ordem imediata, como terremotos, tufões, deslizamento de terra, entre outros, ou podem ser fenômenos que se agravam com o tempo, como a seca. Os fatores naturais que levam à migração despertam interesse, pois envolvem também a questão socioeconômica e a capacidade do Estado de lidar com a situação e de devolver a dignidade à vida de pessoas que passam por catástrofes ambientais.

> Vamos dar aqui três exemplos de catástrofes naturais nas últimas décadas: o furacão Katrina nos EUA, em 2005; o terremoto no Haiti, em 2010; e o tsunami no Japão, em 2011. Você acredita que esses três Estados, com suas particularidades políticas e econômicas, têm a mesma capacidade de se recuperar desses desastres? É sabido que a economia do Haiti, por exemplo, é mais limitada em termos de recursos do que a do Japão e a dos EUA. Com base nesse dado, vamos pensar hipoteticamente que um desastre natural com a mesma magnitude atinja ao mesmo tempo o Haiti, os EUA e o Japão. O país que mais demoraria para se recuperar dos impactos seria aquele com a economia mais fragilizada e, consequentemente, esse seria o país com maior taxa de emigração.

Problemas ambientais de longo prazo também podem levar a movimentos migratórios. Mais adiante, apresentaremos a você a questão do nordeste e dos retirantes da seca, a fim de que possa relacionar melhor a existência de desastres naturais com a estrutura econômica dos locais onde ocorrem.

Conhecidos os principais motivos que causam a migração, passaremos agora para a próxima seção, que tem como objetivo apresentar a você um panorama sobre os movimentos migratórios em escala global e nacional.

4.2 Movimentos migratórios internacionais

A questão das migrações, muitas vezes, é tratada de maneira marginalizada em comparação a outras dinâmicas demográficas. Isso ocorre não pela falta de importância desse fator na organização da população mundial, mas sim pela difícil mensuração do fenômeno. De todos os aspectos que interferem nas dinâmicas demográficas, os movimentos migratórios são os que apresentam maior complexidade para estimativa e projeção, além de estarem atrelados a questões de cunho social, cultural e antropológico que não podem ser desconsideradas.

As migrações passaram a assumir importância na esfera internacional a partir da metade do século XIX. Nessa época, ao contrário do que ocorre hoje, os países que recebiam os imigrantes eram aqueles menos desenvolvidos, as colônias (Brito, 2013). No Brasil, a ocupação das terras por imigrantes europeus levou à substituição do trabalho escravo pelo trabalho livre. Se analisarmos a população brasileira, constatamos que é uma sociedade rica em diversidade cultural. Esse fator é, em parte, herança de uma época em que a imigração para a América era fortemente difundida nos países do velho mundo.

Quando retomamos historicamente a questão das migrações, temos em mente que esse fenômeno está atrelado, muitas vezes, à questão do trabalho e da mão de obra. Primeiramente, a mão de obra de que estamos falando era a escrava, que, embora muitas vezes não seja considerada dentro da esfera dos movimentos migratórios, está inserida nesse contexto a partir do momento em que definimos o migrante como aquele que sai de seu local de origem para viver em outro lugar. Contudo, a migração da população escrava era forçada: o migrante escravo era levado à força de sua terra de origem para servir de mão de obra nas colônias europeias nas Américas.

O Brasil, por exemplo, de acordo com o primeiro Recenseamento Geral do Império, recebeu 29.622 imigrantes internacionais entre livres e escravos somente na província de São Paulo até 1872 (Bassanezi, 2000). A maioria desses imigrantes vinha da Europa e da África (Tabela 4.1), sendo que os africanos caracterizam quase 50% desse contingente. Grande parte eram africanos escravos e uma pequena porção provavelmente composta de ex-escravos alforriados (Bassanezi, 2000).

Tabela 4.1 - Imigrantes na província de São Paulo até 1872

Origem	Número
Portuguesa	6.876
Alemã	3.812
Italiana	1.185
Suíça	560
Francesa	544
Inglesa	411
Americana	460
Espanhola	220
Austríaca	75
Outra	233
Sub-total	**14.357**
Africana livre	2.210
Africana Escrava	13.055
Sub-total	**15.265**
Total	**29.622**

Fonte: Bassanezi, 2000, p. 6.

A mão de obra nas lavouras das colônias foi substituída pouco a pouco depois do fim do trabalho escravo. A Europa continuava enviando trabalhadores, principalmente para as Américas, que ocupavam um lugar nas fazendas. O Brasil promovia políticas de imigração, porém nem sempre as vantagens prometidas pelo governo brasileiro eram reais, causando conflitos e, muitas vezes, o retorno do imigrante para seu local de origem ou a busca por outra opção. Com a virada do século, a industrialização e o período pós-guerra, a dinâmica das migrações internacionais se modificou. Nas últimas quatro décadas, o fenômeno das migrações internacionais se intensificou ao redor no mundo, com países de saída e destino variados, o que torna a análise do fenômeno ainda mais complexa.

Após a Segunda Guerra Mundial, os países do Norte da Europa passaram a receber um número significativo de trabalhadores vindos do Sul. Em meados da década de 1960, a industrialização e a necessidade de mão de obra passaram a atrair para o norte da Europa trabalhadores da África, Ásia e do Oriente Médio. Já na década de 1980, até mesmo os países do sul, como Itália, Portugal e Espanha, que há apenas algumas décadas haviam sofrido um fenômeno de forte emigração, estavam recebendo imigrantes de países menos desenvolvidos, em geral, em busca de emprego (Massey et al., 1993).

Assim, percebemos que as migrações internacionais têm uma dinâmica particular de acordo com o contexto histórico da evolução econômica e social dos países (Mapa 4.1). Atualmente, a questão das migrações está relacionada, mais do que nunca, a questões socioeconômicas e desperta interesse pelos aspectos culturais e étnicos numa sociedade que sofre as influências da globalização. Ainda de acordo com Massey et al. (1993), a maior parte dos países desenvolvidos apresenta sociedades multiétnicas, e aqueles que ainda não têm essa caraterística estão nesse caminho.

Mapa 4.1 – Principais fluxos migratórios no final do século XX e início do século XXI

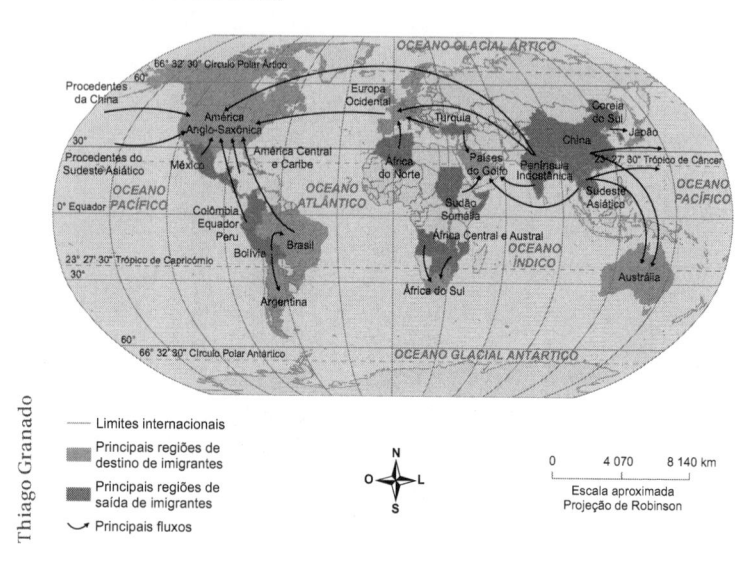

- Limites internacionais
- Principais regiões de destino de imigrantes
- Principais regiões de saída de imigrantes
- Principais fluxos

Escala aproximada
Projeção de Robinson

Fonte: Elaborado com base em Estadão, 2008.

Além dos movimentos migratórios impulsionados por questões econômicas, é importante destacar o fluxo de pessoas que muitas vezes são levadas a sair do local onde vivem devido a conflitos políticos, étnicos ou culturais. Como foi destacado anteriormente, uma pessoa que sai do seu local de origem objetivando fugir de uma perseguição política devido à situação de conflito pode ser considerada *refugiado* ou *deslocado*.

O maior movimento migratório em massa impulsionado por questões políticas do século XX ocorreu durante a Segunda Guerra Mundial. De acordo com Paiva (2008), o número de refugiados da Segunda Guerra na Europa e Oriente é controverso, mas encontrava-se na casa dos milhões. O autor destaca que os deslocamentos ocorriam em decorrência da fuga da população do avanço nazista, ao mesmo tempo em que migrações forçadas ocorriam para suprir a demanda de trabalho escravo em fábricas ou para os campos de concentração. Após o término da guerra, muitos retornaram aos seus locais de origem, porém milhares de refugiados ainda permaneciam em países como Áustria e Alemanha, que receberam assistência de órgãos criados especialmente para lidar com a questão dos refugiados de guerra.

Para refletir

Atualmente, temos a questão dos conflitos no Oriente Médio, que também caracterizam movimentos migratórios incentivados pela perseguição política, cultural e religiosa. De acordo com o Kingsley (2015), em 2013, mais de 45 mil migrantes vindos do Oriente Médio atravessaram o Mediterrâneo em condições precárias de segurança na tentativa de buscar refúgio na Europa.

Como você pôde perceber durante nossos estudos até o momento, a questão da movimentação de pessoas apresenta um caráter de alta complexidade, pois envolve os mais diversos motivos e ocorre por meio de dinâmicas variadas. No sentido de buscar respostas que expliquem "por que" e "como" ocorrem os movimentos migratórios na atualidade, algumas teorias têm sido desenvolvidas. O estudo dessas dinâmicas possibilita dar bases para a formação de políticas públicas relativas à questão das migrações, por exemplo. Atualmente, muitas pesquisas sobre migrações abordam a questão das redes migratórias.

As **redes migratórias** podem ser entendidas, resumidamente, como uma série de ligações interpessoais de amizade ou parentesco entre migrantes com uma característica em comum: o local de origem. As conexões de uma rede de migrantes constituem uma formação social que pode facilitar o acesso a um emprego em outro país, por exemplo. A expansão das redes pode reduzir os custos e riscos da movimentação de pessoas, e isso acaba promovendo o crescimento dos movimentos migratórios, o que expande ainda mais as redes e assim por diante (Massey et al., 1993). Sabemos que, devido às políticas atuais de controle de fronteiras, migrar tornou-se uma tarefa mais difícil, principalmente para quem não dispõe de recursos financeiros e busca melhorar suas condições de vida em outro país.

Como exemplo dessa dificuldade, analise, a seguir, a imagem do muro construído na divisa entre os Estados Unidos da América (EUA) e o México (Figura 4.1), com a finalidade de diminuir a migração de mexicanos que tentam entrar ilegalmente nos EUA.

Figura 4.1 - Muro construído entre EUA e México

Muro entre San Diego (California, EUA) e Tijuana (Baja California, México).

Entendemos, aqui, a complexidade dos movimentos migratórios e a dificuldade que envolve o controle e a mensuração desse fenômeno. O migrante que sai de seu local de origem leva consigo uma carga cultural, política e ideológica. Ao mesmo tempo que isso colabora para o enriquecimento de outras culturas e para sociedades cada vez mais multiculturais, também pode ser motivo de conflitos e dificuldades. É importante refletirmos, então, a respeito do papel que os movimentos migratórios assumiram e assumem na formação das sociedades. Com base nisso, podemos refletir também acerca das políticas de migração e de controle de fronteiras, principalmente nos países desenvolvidos, que são o foco principal dos imigrantes em situação de fragilidade socioeconômica. O foco na questão da migração caracterizada por situações de fragilidade é necessário, pois, na maior parte das vezes, esses movimentos têm caráter ilegal e acabam por não ser documentados ou mensurados, ainda que representem uma grande parcela do fenômeno, além de causarem grande impacto na dinâmica populacional dos Estados de origem e de destino.

4.3 Movimentos migratórios nacionais

Começaremos nosso estudo sobre os movimentos migratórios internos remetendo aos primeiros registros que temos disponíveis, datados do século XIX. O primeiro recenseamento realizado no Brasil, denominado *Recenseamento Imperial*, foi feito no ano de 1872 e trouxe informações a respeito da população brasileira, dividindo-a entre população livre ou escrava. Pesquisadores, como Miró (1987) e Bassanezi (2000), utilizaram esses dados para desenvolver análises a respeito da situação demográfica e das dinâmicas migratórias nacionais e internacionais em meados do século XIX.

Os movimentos migratórios internos mais relevantes no século XIX ocorreram pouco antes do auge da imigração internacional no Brasil. A província de São Paulo, entre 1850 e 1900, estava se tornando uma região de oportunidades, devido ao início do crescimento da atividade cafeeira, razão por que atraía migrantes de outras regiões do Brasil. De acordo com o recenseamento de 1872, a maior parte do contingente de imigrantes que chegava a São Paulo tinha sua origem em Minas Gerais; o segundo grupo era de origem nordestina. Esses dois grupos somavam 2/3 da população de imigrantes na Província de São Paulo (Bassanezi, 2000).

Você observou, no início deste capítulo, que, entre os motivos que causam a migração está o fator natural, relacionado a questões ligadas à falta de recursos naturais ou a desastres ambientais. Apesar de parecer um conceito muito atual, no século XIX, entre 1888 e 1889, ocorreu uma das maiores ondas de emigração na Região Nordeste, em um pequeno período de tempo, devido à condição precária de vida em consequência da seca. De acordo com Bassanezi (2000), cerca de 300 mil pessoas deixaram o Ceará com destino principalmente à Região Sudeste e à Região Amazônica. A pesquisadora afirma que, nesses casos, o processo de emigração ocorre em etapas, pois, primeiramente, o emigrante segue para a sede do município ou vila (no caso de trabalhadores rurais) e, depois, segue para o litoral, de preferência buscando a capital da província, para, então, seguir caminho para outro destino.

Para refletir

O Nordeste acabou se caracterizando como uma terra de emigrantes devido aos diversos problemas relacionados à seca, e até hoje o sertão nordestino é uma região de conhecida insalubridade. Contudo, o fenômeno da emigração em massa não ocorre mais devido a investimentos estruturais e tecnológicos, que permitem prever com maior precisão a época de chuvas e, portanto, o modo mais eficiente de armazenar água. A situação no semiárido nordestino ainda é delicada, porém os moradores não se veem mais obrigados a deixar sua terra de origem por conta das condições climáticas. A matéria "Seca Revisitada", publicada em 2013 pela revista *Ciência Hoje* (Kugler, 2013), traz essa questão da seca e do desenvolvimento no Nordeste, possibilitando uma reflexão sobre as ações da sociedade perante problemas relacionados às adversidades da natureza.

As migrações internas no Brasil seguiram, além de causas naturais, como foi visto, a dinâmica do trabalho, ou seja, foram impulsionadas por fatores econômicos e pela busca de melhor qualidade de vida.

Além das migrações internas, essa época também caracterizou o início da chegada de milhares de imigrantes internacionais, conforme você leu na seção anterior. No século XX, a questão das migrações internas foi, lentamente, caminhando para o que conhecemos como *êxodo rural*.

Os motivos que levaram uma grande massa de trabalhadores do campo para as cidades compõem um conjunto de fatores complexos, como crise econômica, desemprego, precarização do trabalho no campo, entre outros. Esses fatores fizeram com que a população se movimentasse em grande quantidade dos campos para a cidade, ocasionando um crescimento populacional nas cidades e uma urbanização acelerada. O Instituto Brasileiro de Geografia e Estatística (IBGE) aponta que, na década de 1960, 13 milhões de pessoas saíram das áreas rurais no Brasil, contribuindo para que, pela primeira vez, a população urbana fosse maior do que a população rural (Gonçalves, 2001). O último censo do IBGE (2015b), realizado em 2010, indica que a população urbana continua em crescimento, pois variou de 81,2% em 2000 para 84,3% em 2010.

Em meados do século XX, houve também, no Brasil, uma política de ocupação do território que caracterizou um movimento migratório interno. Por meio do Programa de Integração Nacional (PIN), o Estado brasileiro procurava conduzir a ocupação da Amazônia e, com isso, em 1970, foram criados os chamados *PIC* (Projetos Integrados de Colonização), a partir dos quais tiveram início as obras para a construção das rodovias Transamazônica e Cuiabá-Santarém. Nessa época, os estados de Mato Grosso e Rondônia foram os que mais apresentaram projetos de assentamento de migrantes. A notícia de disponibilidade de terras férteis nesses estados despertou interesse da população em outras áreas do país e, assim, um movimento migratório maciço se iniciou, impossibilitando o governo de assentar todos os imigrantes. Com isso, iniciaram-se as invasões de terras, e o Instituto Nacional de Colonização e Reforma Agrária (Incra), órgão responsável pelos assentamentos na região, teve de criar projetos que visassem à regularização das terras invadidas. Contudo, a assistência aos imigrantes assentados tornou-se cada vez mais precária, e essa ocupação trouxe consequências perversas aos aspectos ambientais e culturais da região.

Outro exemplo de ocupação no Brasil foi a mudança da capital do país para o Distrito Federal. O projeto tinha por finalidade a interiorização da capital, objetivando povoar o centro do país. Assim, foi criado o Distrito Federal, na década de 1950, provocando um movimento migratório intenso com destino ao planalto central do Brasil. Em 1960, o IBGE registrou 141.742 pessoas residentes no Distrito Federal. Em apenas duas décadas, a população passou para 1.176.908 habitantes e, nas primeiras décadas após a criação do Distrito Federal, a taxa de crescimento acelerado esteve fortemente associada aos movimentos migratórios internos.

> **Para refletir**
>
> Atualmente, a taxa de crescimento do Distrito Federal ainda está acima da média de crescimento do Brasil. Segundo Paranhos e Soares (2014), em agosto de 2014, o presidente da Companhia de Planejamento do Distrito Federal, Julio Miragaya, afirmou que o fluxo migratório continua elevado devido à alta renda de parte dos habitantes, pois esse cenário favorece a oportunidade de trabalhos que necessitam de baixa qualificação ou a atuação de pequenos empreendedores. Nas palavras de Julio Miragaya: "Isso não acontece mais em algumas cidades, como São Paulo, por exemplo, que têm atividade econômica ancorada na indústria. Lá, a mecanização e a automação do setor têm gerado cada vez menos empregos, além de demandar mão de obra mais qualificada" (Paranhos; Soares, 2014).

Entre os anos 1990 e 2000, de acordo com o IBGE (2015c), as áreas que apresentaram crescimento acima da média nacional foram a Região Norte, as áreas litorâneas, as cidades de médio porte no interior e o entorno do Distrito Federal. De acordo com Gonçalves (2011), esse crescimento caracteriza as atuais perspectivas dos movimentos migratórios no país (Mapa 4.2). O autor destaca também que, atualmente, a migração para o norte não tem mais o caráter de povoamento, como os fenômenos supracitados, quando o governo assentava os imigrantes em áreas rurais. O destino atual dos que migram para o norte são, de acordo com o IBGE, as áreas urbanas.

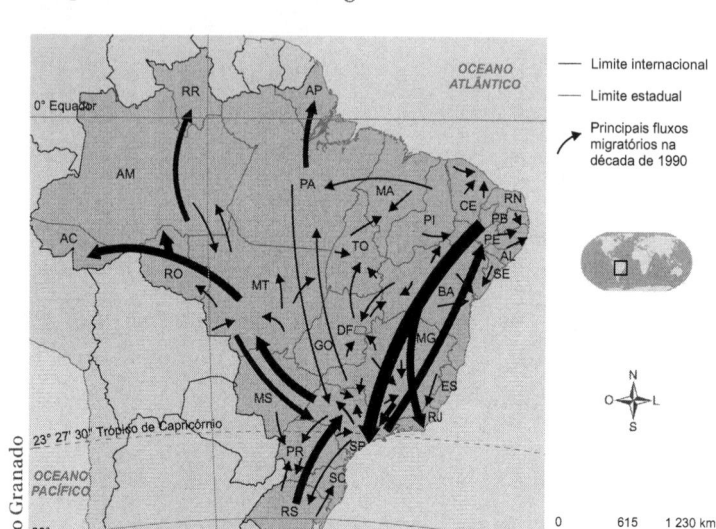

Mapa 4.2 - Movimentos migratórios internos no Brasil

Fonte: Elaborado com base em Atlas Nacional Digital. Rio de Janeiro: IBGE, 2005.

Com base nos estudos apresentados até aqui, podemos concluir que as migrações internas no Brasil foram impulsionadas principalmente por questões de ordem econômica e natural e que o êxodo rural, em meados do século XX, foi o movimento migratório interno de maior repercussão na urbanização e dinâmica social brasileira. Além disso, outros fatores que merecem destaque são as políticas de ocupação do território que ocorreram na região da Amazônia e que foram responsáveis pelo início da exploração dos recursos naturais na região, além de caracterizar um choque cultural expressivo entre os imigrantes e a população local, composta, em grande parte, por povos indígenas.

Síntese

Neste capítulo, abordamos, de maneira geral, a esfera dos movimentos migratórios. Percebemos que, assim como outras dinâmicas demográficas, esses movimentos têm relação com questões sociais, econômicas e culturais e se manifestam de diferentes formas, dependendo de sua causa.

Além disso, é importante destacar que os movimentos migratórios, sejam eles nacionais, sejam internacionais, contribuem de forma relevante para a formação das sociedades, caracterizando-as como multiculturais e multiétnicas.

Indicações culturais

Filmes

IRACEMA – uma transa amazônica. Direção: Jorge Bodanzky e Orlando Senna. Brasil: Video Filmes, 1976. 91 min.

O filme com direção de Jorge Bodanzky e Orlando Senna representa as consequências da construção da rodovia Transamazônica para a população indígena local. É uma mistura de ficção com documentário e retrata questões como desmatamento, venda de madeira ilegal, prostituição, condições precárias de trabalho, entre outros impactos sociais e ambientais que a construção da rodovia Transamazônica desencadeou. Foi proibido pelo governo militar no Brasil e só pôde ser lançado em 1981, três anos após o término das filmagens.

SIN Nombre. Direção: Cary Fukunaga. EUA: Canana Films, 2009. 96 min.

O filme, dirigido por Cary Joji Fukunaga, mostra a história de uma família latina rumo aos EUA. Embora seja fictício, retrata as dificuldades pelas quais os imigrantes que tentam entrar ilegalmente nos EUA passam. O fato de não ser uma produção americana contribui para que tenhamos outra perspectiva a respeito dos imigrantes ilegais.

Site

MUSEU DA IMIGRAÇÃO. Disponível em: <http://museuda imigracao.org.br>. Acesso em: 10 nov. 2015.

O site *do Museu da Imigração de São Paulo contém conteúdos variados sobre as migrações no Brasil em esfera nacional e internacional, além de disponibilizar imagens e informações e possibilitar visita* on-line *a algumas das exposições.*

Atividades de autoavaliação

1. Em relação às terminologias encontradas nos materiais sobre migrações, assinale V para as alternativas verdadeiras e F para as falsas:
   ( ) O termo *refugiado* remete àquele indivíduo que, por motivo de fragilidade econômica, saiu de seu país de origem em busca de melhores condições de vida.
   ( ) Sobre a diferença entre *emigrante* e *imigrante*, é correto afirmar que o indivíduo é *emigrante* no momento em que sai de seu local de origem, enquanto que o *imigrante* é aquele que se estabelece em outro local que não o seu de origem.
   ( ) A migração forçada ocorre a partir do momento em que o migrante é coagido a sair de seu local de origem devido a situações adversas de ordem natural ou humana.
   ( ) O termo *migrante* tem uma definição única e global, que significa "pessoa que vive fora de seu país de origem por pelo menos um ano".

( ) O fenômeno das migrações caracteriza-se como complexo e difícil de mensurar.

Agora, assinale a alternativa que corresponde à sequência correta:
a) V, F, F, F, V.
b) F, V, F, V, V.
c) F, V, F, V, F.
d) F, V, V, F, V.

2. Em relação aos fatores que impulsionam as migrações, é correto afirmar:
   a) Os fatores socioeconômicos de um país não influenciam o migrante, uma vez que o ato de migrar é uma decisão única e individual.
   b) Um desastre natural pode ocasionar uma migração massiva.
   c) Países de diferentes condições socioeconômicas respondem da mesma forma a desastres naturais da mesma magnitude.
   d) Perseguições políticas não podem caracterizar um movimento migratório específico.

3. De acordo com seus conhecimentos a respeito das migrações internacionais no século XIX, assinale V para as alternativas verdadeiras e F para as falsas:
   ( ) O tráfico de escravos no século XIX não é considerado um movimento migratório.
   ( ) O número de imigrantes escravos no Brasil até 1872 era superior a 10 mil.
   ( ) As políticas de imigração promovidas pelo Brasil cumpriam sempre com as promessas realizadas aos imigrantes.
   ( ) Os países da Europa eram caracterizados como países de emigrantes durante o século XIX, permanecendo assim até os dias atuais.

( ) O tráfico de escravos pode ser considerado uma forma de migração forçada.

Agora, assinale a alternativa que corresponde à sequência correta:
a) V, F, V, F, V.
b) F, V, F, F, V.
c) F, V, F, V, V.
d) F, V, V, F, V.

4. Sobre a questão das redes migratórias, assinale V para as alternativas verdadeiras e F para as falsas:
( ) As redes migratórias diminuem os custos e os riscos da imigração e podem facilitar a procura por emprego.
( ) À medida que os movimentos migratórios expandem, as redes também se expandem, e assim sucessivamente.
( ) Redes migratórias são conexões exclusivamente familiares.
( ) Todos os Estados apoiam e dão suporte às redes de imigrantes.
( ) As redes são formadas por familiares e amigos que têm o país de origem em comum.

Agora, assinale a alternativa que corresponde à sequência correta:
a) F, F, V, F, V.
b) F, V, F, F, V.
c) V, V, F, V, V.
d) V, V, F, F, V.

5. A respeito dos movimentos migratórios nacionais, assinale a alternativa correta:
a) Até o fim do século XIX, não havia registro de migrações impulsionadas por causas naturais no Brasil.

b) O êxodo rural não caracterizou um movimento migratório de grande relevância no território nacional.
c) O êxodo rural contribuiu significativamente para a urbanização do Brasil.
d) A existência de programas de assentamento prejudicou a exploração do norte do país.

Atividades de aprendizagem

Questões para reflexão

1. Recentemente, o IBGE divulgou os resultados do Censo Demográfico 2010. Esses dados estão disponíveis para toda a população. Busque os resultados da amostra sobre migrações no território nacional e trace um panorama de como ocorreram as dinâmicas migratórias na última década na região geográfica em que você vive.
IBGE – Instituto Brasileiro de Geografia e Estatística. **Censos Demográficos**. Disponível em: <http://www.ibge.gov.br/home/estatistica/populacao/censo2010/default_resultados_amostra.shtm>. Acesso em: 9 nov. 2015.

2. No ano de 2010, um terremoto atingiu o Haiti, causando grandes prejuízos à população. Esse desastre natural desencadeou uma emigração em grande escala no país, aumentando, inclusive, a imigração de haitianos para o Brasil. Escreva uma reflexão a respeito do ocorrido, buscando identificar os fatores que fizeram com que parte da população do Haiti deixasse seu país de origem para buscar oportunidades em países próximos.

Atividade aplicada: prática

1. Assista ao filme *Sin Nombre*, listado nas indicações culturais deste capítulo, e procure relacionar seus conhecimentos a respeito das causas e dos fatores que influenciaram o movimento migratório presente no filme. Procure identificar também a existência de uma rede migratória que "auxilia" a protagonista durante sua trajetória.

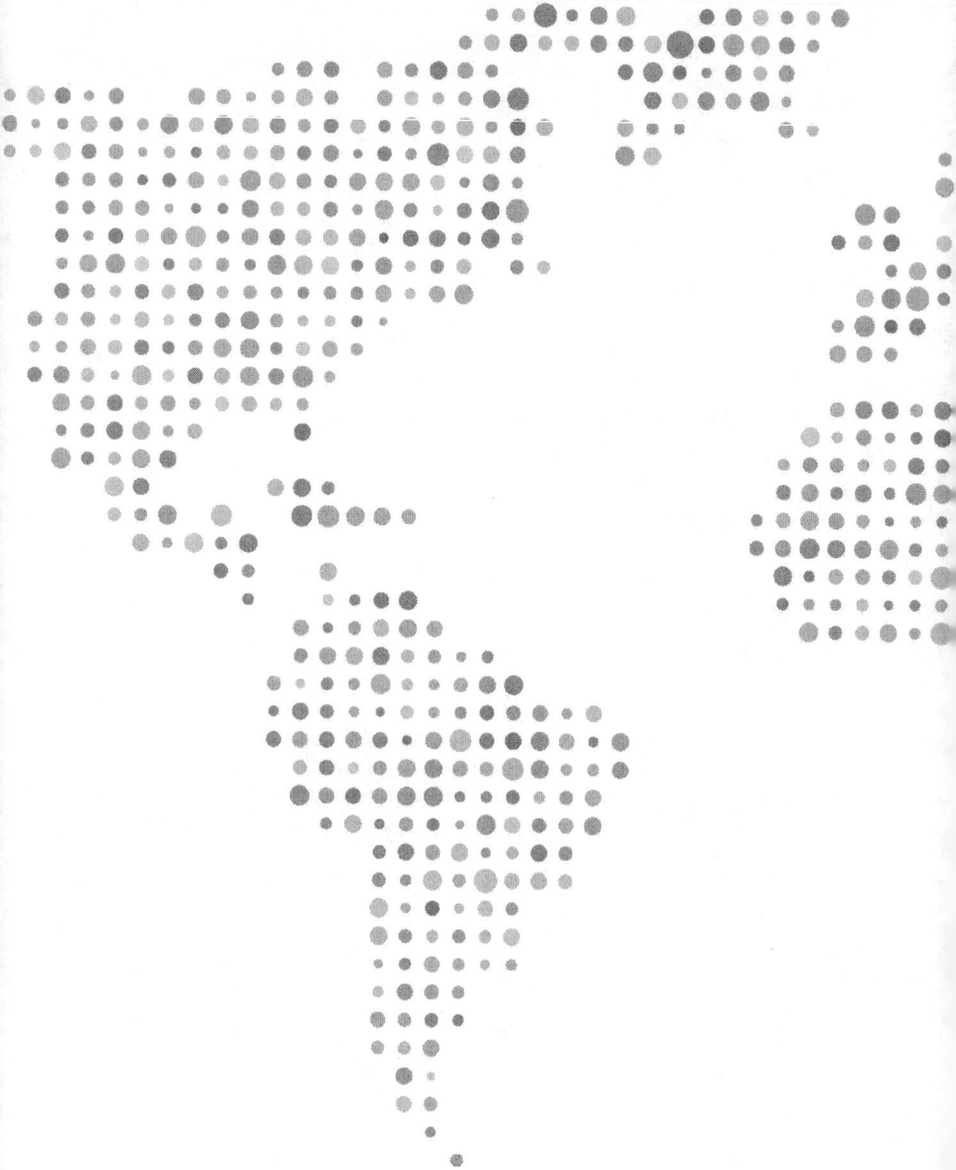

5

População e meio ambiente: conflitos socio- ambientais

Existem infinidades de temas pontuais na relação entre o crescimento populacional e os impactos ambientais. No entanto, a questão relacionada à população e ao meio ambiente continua sendo desafiadora para os pesquisadores. Primeiramente, sabemos que outras esferas do desenvolvimento da sociedade estão diretamente relacionadas ao tema, como o desenvolvimento econômico de um determinado lugar está diretamente relacionado à utilização de recursos naturais. Além disso, existem inúmeras variáveis que tornam complexa a questão ambiental.

Evidenciamos anteriormente que o perfil das populações foi se reconfigurando com o passar dos anos e que é, portanto, consequência do desenvolvimento das técnicas e da indústria, da melhoria dos serviços de saúde e alimentação e do envelhecimento de grandes contingentes populacionais, que, por fim, corroborou o crescimento populacional, mesmo com as taxas de fertilidade em queda.

Suprir as necessidades básicas da população é uma preocupação constante. Para isso, é preciso pensar também nas políticas de população, no controle demográfico, bem como na utilização dos recursos naturais para prover energia, água potável, alimentos, entre outras necessidades, pensando sempre no bem-estar e na qualidade de vida da população.

À parte disso, sabemos também que a produção de bens de consumo não ocorre de forma homogênea no mundo, muito menos o consumo em si. Nesse sentido, ao pesquisar o quadro mundial de desenvolvimento dos países, identificamos diferenças significativas.

Os países considerados desenvolvidos são os maiores consumidores de energia, além de registrarem os maiores índices de contaminação das águas por poluentes químicos oriundos das indústrias e também altos índices de poluição do ar. Eles são responsáveis por grande parte do consumo de recursos naturais, porém o processo de produção/renovação não ocorre com equilíbrio. Sendo assim, podemos observar um quadro de escassez e poluição das águas, poluição do ar, esgotamento da fertilidade dos solos e destruição das matas.

À medida que os países vão se desenvolvendo, os danos ocasionados ao meio ambiente são intensificados, o que gera impactos que variam da escala local à global e que são sentidos por toda a população.

> As pesquisas atuais que relacionam meio ambiente e população tratam de uma variedade de temas sobre demografia e ecologia, destacando aspectos das políticas de sustentabilidade pertinentes aos cenários atuais, sempre pensando em gerações futuras. Entre os fatores demográficos mais presentes nas discussões, estão: crescimento, estrutura, densidade e distribuição populacional, migrações, padrão de consumo e mobilidade nas diferentes escalas têmporoespaciais. Os temas de cunho ambiental que mais se relacionam às questões demográficas são recursos hídricos, energia, mudanças climáticas e desastres ambientais (Izazola; Jowett, 2010).

Na busca de informações sobre as questões socioambientais, observamos uma grande quantidade de trabalhos publicados com temáticas locais, pontuais, que se relacionam ao crescimento populacional, o que evidencia a complexidade do tema, visto que existem muitos fatores não relacionados diretamente, mas que devem ser levados em consideração para que se possa compreender essa dinâmica.

Diversas críticas são elaboradas por autores de estudos da população, por considerarem que, ao relacionar os aspectos ambientais com as questões populacionais, muitos acabam por permanecer na superficialidade (Martine, 1996). A generalidade presente nas relações construídas entre impactos ambientais e assuntos de população dificulta análises mais pontuais sobre o desenvolvimento das sociedades, ao se dar ênfase, por exemplo, a assuntos que a mídia tem maior interesse em divulgar.

> Pensando assim, é indispensável analisar as questões ambiental e populacional em escalas de abordagem diferenciadas. Temos de levar em consideração que, na escala mundial, as discussões sobre o meio ambiente geralmente vão se destinar a problemas gerais, como aquecimento global e impactos na camada de ozônio, enquanto que, na escala local, os processos que definem problemas socioambientais são outros, como saneamento básico e moradias irregulares, desertificações, qualidade da água, bem como a dinâmica da vida no campo e na cidade, temas que são bem localizados e amplamente discutidos por pesquisadores do mundo todo de acordo com as necessidades locais.

Os impactos gerados pelo homem também são diferenciados em suas escalas e das mais variadas maneiras. Se pensarmos em danos ocasionados de forma direta, podemos citar a questão do desmatamento atrelado à agricultura, a extração de madeira e a retirada de águas subterrâneas, que ocasionam grande alteração nos ecossistemas. Ao pensar em impactos indiretos, temos, por exemplo, a queima de combustíveis fósseis, que ocasiona a liberação de gás carbônico para a atmosfera, que, por sua vez, é prejudicial, intensificando o efeito estufa e, consequentemente, afetando o clima.

Muitas das mudanças ocorridas em vários países nos últimos anos, como êxodo rural, mecanização da agricultura e industrialização, também são responsáveis por criar cenários de conflitos socioambientais, principalmente em escala local.

Quando ocorrem grandes aglomerações nas cidades, há maior produção de resíduos lançados no ambiente, ocasionando problemas como poluição do ar e das águas e maior incidência de doenças infecciosas e parasitárias. Outro fator consiste na localização das cidades, que, muitas vezes, estão próximas a leitos de rios ou terrenos férteis agricultáveis, que também passam a sofrer impactos da urbanização, ameaçando ecossistemas. Devemos observar também que as populações urbanas utilizam mais água para fins domésticos e industriais do que as populações rurais (Meyerson; Souza; Williams, 2003).

Importante

No artigo "The Population Bomb Revisited", de Paul R. Ehrlich e Anne H. Ehrlich (2009), são apontados fatores relevantes sobre o crescimento populacional e a degradação ambiental. Os autores observaram que a expansão da agricultura extensiva é a grande responsável pela erosão de solos, pois o crescimento populacional exige maior produção e circulação de alimentos. Como consequência, aumenta-se a extração de recursos naturais, como os minérios utilizados na indústria, cujas fontes superficiais tendem a esgotar, exigindo extração de depósitos profundos, o que, além de aumentar o custo, gera mais impacto ambiental. Sobre a água e o petróleo, os autores afirmam que deverão ser provenientes de fontes com menor qualidade, oriundos de poços profundos, de locais cada vez mais longe das cidades, o que exige mais gastos com transporte e, por isso, encarece a comercialização do produto (Ehrlich; Ehrlich, 2009).

Tendo em vista todas as críticas, e por concordarmos que não é possível atualmente estudar população e meio ambiente como uma totalidade, iremos propor a discussão dos assuntos amplamente abordados nas atuais pesquisas de população, no intuito de nos fazer pensar sobre o tema e avançar nessas discussões.

5.1 Projeções populacionais e modelos estatísticos

No século XX, ocorreu o maior crescimento populacional da história: a população passou de 1,6 para 6,1 bilhões de pessoas. Esse fato está associado à redução da mortalidade e ao aumento da esperança de vida nos países em desenvolvimento. O período de maior crescimento foi registrado a partir de 1950 (United Nations, 2001).

Atualmente existem cerca de 7,2 bilhões de pessoas no mundo e estima-se que, em 2050, esse valor esteja próximo dos 9 bilhões (PRB, 2014). À medida que ocorre o crescimento populacional, surgem preocupações com a qualidade de vida das pessoas. Nesse sentido, as projeções servem para indicar, entre outros fatores, que a degradação ambiental e as questões sociais deverão ser tratadas com prioridade, pois existirão mais pessoas que necessitam de água potável, alimentos e infraestrutura; consequentemente, a utilização dos recursos naturais tende a se intensificar.

Estimativas apontam que o envelhecimento da população acarretará na soma de mais de 1 bilhão de pessoas com idade superior a 60 anos em 2025, podendo chegar a 2 bilhões em 2050. Essas condições implicam maiores atenções nas questões de saúde, por exemplo. Por outro lado, o crescimento populacional proporciona uma rápida expansão de pessoas em idade ativa, atualmente evidenciado em muitos países e relacionado ao crescimento econômico, que gera outros processos, como a migração em busca de mercado de trabalho (Meyerson; Souza; Williams; 2003).

Pensando nas projeções e nos trabalhos que demonstravam a complexidade do desenfreado crescimento populacional, cientistas desenvolveram modelos, ao longo das últimas décadas, para estudar as interações entre a sociedade e o meio ambiente. Mesmo que os resultados obtidos não sejam capazes de prever com exatidão o quanto o crescimento populacional pode afetar determinados ambientes, eles foram importantes para que houvesse um avanço nas análises e para que fosse possível gerar estimativas sobre a degradação ambiental, realçando o papel da ciência em promover ações de desenvolvimento sustentável.

Um modelo de equação para medir impactos foi adaptado da chamada *Curva de Kuznets*. Em 1954, Simon Kuznets participou do encontro anual da American Economic, no qual conduziu uma discussão acerca da desigualdade de renda em relação ao aumento da renda *per capita*. O pesquisador apresentou argumentos de que a distribuição de renda se torna mais desigual nos estágios iniciais de crescimento, mas que, eventualmente, há uma tendência de se atingir a igualdade caso haja crescimento econômico contínuo. Sua teoria ficou conhecida por expressar uma curva em formato de U invertido para baixo (Stern, 2004; Bhattarai; Yandle; Vijayaraghavan, 2002).

Posteriormente, pesquisadores começaram a trabalhar com o método de análise de Kuznets, substituindo a variável *desigualdade de renda* por pressões ambientais, dando origem à Curva de Kuznets Ambiental, ou CKA.

Gráfico 5.1 - Curva de Kuznets Ambiental (CKA)

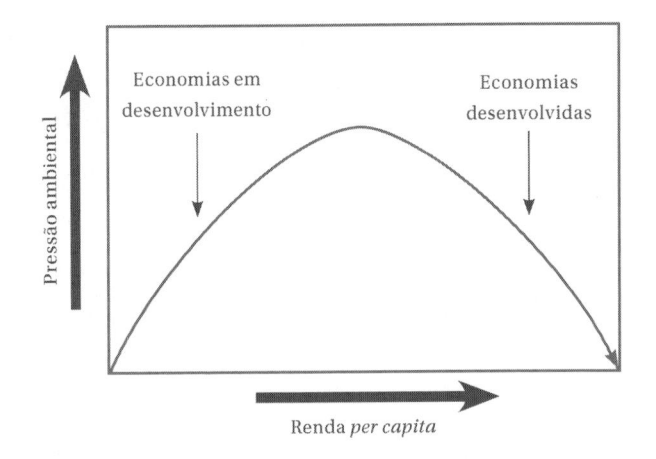

Fonte: Elaborado com base em Bhattarai; Yandle; Vijayaraghavan, 2002, p. 2.

Podemos observar que o desenvolvimento da curva tem por finalidade relacionar o crescimento econômico à pressão ambiental. Observe que a linha em formato de U invertido significa que, à medida que os países desenvolvem as economias, há maior pressão ambiental, já que o desenvolvimento está atrelado à utilização de recursos naturais. Porém, quando as economias se tornam desenvolvidas, como é o caso de países de primeiro mundo, a tendência é que os impactos sobre o meio ambiente diminuam. Acredita-se que o avanço econômico está ligado ao avanço de tecnologia e, sendo assim, à criação de formas alternativas e menos impactantes.

Outro exemplo de equação para entender os processos de impactos ambientais e o crescimento populacional foi apresentado pelos pesquisadores Paul Ehrlich e J. P. Holdren em 1970. Os autores desenvolveram o modelo de avaliação de impactos ambientais mais conhecido até os dias atuais. Esse modelo consiste na utilização da seguinte fórmula:

$$I = P.A.T$$

A letra *I* representa o impacto que determinada população pode ocasionar no ambiente e seu valor é expresso pela confluência de três fatores: o tamanho da população, que é representado pela letra *P*; o consumo per capita, representado pela letra *A*; e o dano ambiental, representado pela letra *T*, que é medido pela influência das tecnologias no ambiente (Daily; Ehrlich, 1992).

Esse modelo tem sido utilizado em estudos de impacto do crescimento da população sobre variáveis mundiais, mas também incorporado em estudos mais localizados, como aqueles voltados ao uso de energia e fertilizantes, por exemplo, devido à sua versatilidade e capacidade de substituir variáveis para a análise de fatores ambientais diferenciados (Marquette, 1997).

As variáveis da equação apresentam especificidades. Por exemplo, a tecnologia pode não variar como uma função linear, como a população e seu crescimento, pois o acesso à tecnologia pode não abranger uma totalidade populacional (Daily; Ehrlich, 1992). Por esse e outros fatores, a fórmula acabou sendo criticada. Entre os principais argumentos contrários, está a indicação de que um mesmo fator pode gerar diferentes impactos ambientais ou diferentes fatores podem gerar um determinado impacto. Por exemplo, os fatores que são responsáveis pela destruição da camada de ozônio também são atenuantes nos casos de desmatamento ou perda de biodiversidade (Meyerson; Souza; Williams, 2003).

Esses fatos e as críticas aos modelos serviram de incentivo para o desenvolvimento de técnicas estatísticas mais elaboradas.

Surgiram outros modelos que incorporaram correlações mais complexas, não lineares e com variáveis dinâmicas.

Devemos observar que, por mais que os modelos consigam elaborar cenários preditivos de impactos ambientais, existem outras variáveis importantes que muitas vezes são negligenciadas. Por exemplo, ao considerar uma determinada população, devemos incorporar questões qualitativas, como as migrações, as características da composição, o tamanho das famílias e a percepção dos moradores do local.

Você deve compreender que a geração de um impacto ambiental altera diretamente a qualidade de vida da população que o produz; sendo assim, a percepção se torna uma variável importante ao analisar esses cenários (Marquette, 1997).

Alguns autores acreditam que, conforme as diferentes escalas de trabalho, existem tendências específicas para o uso de dados. Por exemplo: pesquisas na escala macro geralmente são baseadas em dados agregados, que envolvem abordagens quantitativas na avaliação de aspectos globais ou inter-regionais, de modo a fornecer informações gerais que podem ser aplicadas em grandes populações e que são úteis na elaboração de políticas internacionais. Por outro lado, as pesquisas na escala micro exigem a análise de dados qualitativos e tendem a apresentar resultados menos generalizados, por apresentarem conclusões aplicáveis em pequenas comunidades ou em um bairro ou uma cidade pequena (Marquette, 1997). Nessas pesquisas mais localizadas, as informações serão mais detalhadas, com o objetivo de identificar o perfil social e econômico e demais fatores culturais, que são variáveis de grande influência ao relacionarmos a população com o ambiente.

As discussões propostas até aqui foram pensadas para que você compreenda aspectos do desenvolvimento dos estudos de população e meio ambiente, chamando a atenção para as variáveis e como foram tratadas nos últimos anos.

Tendo em vista a complexidade dos temas e as críticas sobre o modo que foram tratados esses estudos, é importante esclarecermos que, por mais que os estudos possam parecer fragmentados e generalistas, quando trabalhados com as especificidades regionais, eles servem de arcabouço para informações que caracterizam os locais. Sendo assim, acreditamos que a soma de resultados em pequenas escalas pode ser uma ferramenta para entender um todo.

Para dar continuidade a nossas discussões, iremos trabalhar os principais temas e as principais pesquisas desenvolvidas sobre o assunto, de forma direta ou indireta, tendo como base o crescimento populacional com vistas à questão socioambiental, definindo grandes eixos de discussão: a questão da água, do desmatamento, da poluição, entre outras.

5.2 População e meio ambiente no mundo e no Brasil

Como já discutimos anteriormente, a relação entre população e meio ambiente é complexa e não existem medidores exatos de sua correlação, mas é inegável que algumas questões ambientais estão diretamente relacionadas ao crescimento populacional.

Para prosseguirmos em nossas discussões, levaremos em consideração alguns fatos e algumas variáveis ambientais específicas, considerando sua relevância e a quantidade de informações já publicadas. Porém, temos consciência de que a temática demanda análises profundas de muitos fatos do modo de vida atual, pois, quando pensamos na escala mundial, o fenômeno se torna ainda mais complexo. Consequentemente, sabemos que será impossível esgotar as discussões neste capítulo, visto que os cenários estão em constante desenvolvimento.

Para contextualizar, devemos ressaltar que as relações entre população e meio ambiente apresentam características bem delimitadas. Convidamos você a pensar sobre os impactos decorrentes do crescimento populacional no campo e nas cidades. As relações entre urbanização e vida no campo se diferem tanto espacial quanto temporalmente nas variadas regiões do mundo. Sabemos que os países do hemisfério sul são os que têm as maiores áreas agricultáveis e, sendo assim, os que mais exportam produtos para países desenvolvidos. Nesses locais, os impactos gerados são específicos, como contaminação e perda de fertilidade dos solos, erosão, migração forçada (campo para a cidade) pelo agronegócio, desmatamento, entre outros.

Ao refletir sobre as cidades, identificamos outros processos muito importantes. O inchaço e a aglomeração nos grandes centros geram conflitos de ordem local, tais como ocupações irregulares, próximas a córregos ou rios, impactando diretamente o ambiente; nesse caso, a falta de saneamento básico é um agravante, intensificando as questões de saúde da população. Destacamos que nas cidades existem fatores pontuais, de ordem política e administrativa. Ao pensar em impactos ambientais locais e regionais, podemos citar a geração de energia e a poluição do ar e das águas como temáticas relevantes nos estudos ambientais.

A urbanização não ocorreu de forma homogênea. Nos países desenvolvidos, esse processo já se apresenta consolidado, diferentemente dos países em desenvolvimento. Como exemplo, podemos citar a China, que apresenta 1/5 da população mundial e uma economia em crescimento, mas que tem uma distribuição da população nada homogênea, pois cerca de 700 milhões de pessoas moram no campo e 300 milhões residem em áreas urbanas próximas das franjas litorâneas; este último grupo usufrui de bens e serviços modernos (Matos, 2012).

Esses fatores são responsáveis por dinamizar os impactos sofridos pelo meio e sua relação com a população. Pesquisadores acreditam que a mudança do perfil das famílias, decorrente do controle populacional em determinados locais, e, consequentemente, a redução do número de filhos por casal e as novas formas de casamento acarretam alterações no modo de vida urbano. Existe a tendência pela busca de imóveis individuais ou que abriguem um número menor de pessoas. Pesquisas apontam que a taxa de crescimento da população é menor que a taxa de domicílios; esse fator altera as relações com o meio ambiente, por representar outros padrões de consumo (Hogan, 2005). Isso pode ser observado nos grandes centros, na quantidade de automóveis em circulação, muitas vezes sem a total lotação do veículo, o que impacta o ambiente com poluição do ar e gera outros tipos de conflitos, como poluição sonora, engarrafamentos e estresse generalizado.

Tratamos até aqui de alguns tópicos que consideramos importantes, entretanto, são poucos se tomamos a totalidade dos temas que podem ser relacionados à questão populacional. Para continuarmos nossas discussões, buscaremos analisar fatos pontuais em escalas diferenciadas, trabalhando com indicadores de impactos ambientais no mundo e no Brasil com ênfase na questão populacional.

5.2.1 As mudanças climáticas

Analisaremos aqui as mudanças climáticas e como esse fator afeta as populações.

Devemos mencionar que esse assunto é demasiadamente difícil de discutir, tendo por base a existência de correntes contrárias à relação com a ação antrópica; por isso, optamos por não discutir a fundo qual o fator providencial dessas mudanças, mas sim como as alterações já identificadas no mundo podem vir a afetar ou já estão afetando a vida da população.

Para tornar mais clara a nossa discussão, dividiremos o texto em duas partes. Primeiramente, relacionaremos aspectos do aquecimento global e suas implicações nas políticas mundiais para, na sequência, apresentar alguns fatos relacionados às preocupações com a qualidade de vida da população no que se refere às mudanças climáticas.

O surgimento de discussões em torno das mudanças climáticas ocorreu principalmente pela constatação da destruição da camada de ozônio, responsável pela proteção do planeta da radiação ultravioleta. A partir desse período, pesquisadores destinaram-se a estudar as relações entre os gases do efeito estufa e o aquecimento da superfície da Terra. Alguns fatores são responsáveis pela maior emissão desses gases, uns com maior incidência, como a queima de combustíveis fósseis nas indústrias, e outros em menor escala, como a utilização de automóveis nas cidades, ainda que se somem ao quadro de responsabilidade, da mesma forma que o desmatamento e as queimadas.

Para Conti (2005, p. 4),

> é oportuno lembrar que o efeito estufa é um fenômeno natural, sem o qual a temperatura média do planeta, hoje em torno de 15ºC, desceria para −18ºC, tornando inviável a permanência da biosfera tal como hoje a conhecemos e este efeito não resulta somente de gases produzidos pela atividade humana. Estes

contribuem com apenas 40% do total, cabendo ao dióxido de carbono 25% e 15% aos demais. É o vapor d'água, com 60% de participação, o agente mais ativo do efeito estufa, presente em diferentes faixas de absorção da radiação infravermelha (onda longa), colaborando de forma preponderante no processo de aquecimento planetário e seu volume, na atmosfera, independe da ação humana.

Ainda assim, ações relevantes em torno da questão do efeito estufa se destinaram a identificar os gases mais prejudiciais. O gás considerado de maior periculosidade foi o CO_2, devido à queima de combustíveis fósseis a partir da industrialização do mundo. Essa preocupação foi responsável pela criação do Protocolo de Kyoto (1997), acordo que vários países assinaram com vistas à diminuição do volume de CO_2 emanado para a superfície. Esse fato está associado a uma maior procura por geração de energia limpa e é, portanto, positivo para o meio ambiente.

Segundo a United Nations Environment Programme (Unep, 2013), a busca por formas de energia mais sustentáveis está trazendo avanços na questão, pois a utilização de energia solar e eólica vem crescendo. Porém, segundo os pesquisadores, ainda ocorre de forma modesta, pois, em comparação ao uso de combustíveis fósseis, ainda apresentam pouca representatividade no mundo, em torno de 12,9%.

Em 1988, foi criado o Intergovernmental Panel on Climatic Change (IPCC), por meio de parceria entre a Organização das Nações Unidas (ONU) e a Organização Meteorológica Mundial (OMM). Seu objetivo era monitorar aspectos das mudanças climáticas e subsidiar ações (Conti, 2005). O IPCC é responsável por publicar vários artigos alarmantes com ênfase no aquecimento global.

Ainda assim, devido ao crescimento populacional e à necessidade de maior geração de energia, a emissão do CO_2 continua a aumentar nos últimos anos. Os países da Europa e a América do Norte, cuja industrialização ocorreu muito antes dos países em desenvolvimento, são os maiores responsáveis pela sua emissão; porém, registra-se grande aumento recente em países da Ásia e na região do Pacífico. Esse crescimento está associado ao registro de temperaturas mais elevadas na superfície da Terra (Unep, 2013).

Entre as consequências do aumento das temperaturas, foram divulgadas notícias sobre o derretimento das geleiras, muitas vezes de forma alarmista, com viés ambientalista e de proteção aos animais. Algumas mídias nacionais e internacionais já apresentaram estes conteúdos em suas publicações.

Outros fatos de ordem ambiental se referem ao aquecimento e são associados às mudanças climáticas, como a ocorrência de furacões em locais antes não atingidos, severas estiagens em locais habitualmente úmidos, entre outros (Conti, 2005).

Quando saímos da escala global e pensamos nos efeitos locais do aquecimento da superfície, podemos identificar outros aspectos que afetam diretamente a população. Pensando na questão da saúde, a Organização Mundial de Saúde (OMS) propôs o tema "Mudanças Climáticas e Urbanização" para compor as discussões no Dia Mundial de Saúde em 2008 e 2010:

> A Associação Médica Mundial definiu Mudanças Climáticas como o maior desafio de saúde pública no séc. XXI e elaborou um documento sobre o assunto, a Declaração de Delhi, que reforça o compromisso, em nome das associações médicas nacionais, seus membros e médicos afiliados, de apoiar, liderar, educar, capacitar, observar, pesquisar e colaborar com

ações de prevenção e atendimento à saúde diante dos impactos das mudanças climáticas. (Vormittag, 2011, p. 2)

Observamos que as discussões sobre saúde e mudanças climáticas também ganharam fôlego durante os fatos ocorridos nas últimas décadas. Contudo, devemos refletir que essas relações já são complexas quando pensamos nas alterações ambientais; logo, quando pensamos na saúde, também devemos ter cuidado. Se colocarmos o aumento de temperatura como variável de análise, é necessário pensar que os organismos o sentem de forma diferenciada, ou seja, o calor intenso tenderá a afetar um grupo diversificado de cidadãos.

Dependendo do ângulo de análise, as alterações na temperatura podem não ser consideradas negativas. Como exemplo, podemos citar os invernos, durante os quais há uma alta taxa de mortalidade, geralmente em pessoas de idade avançada. Porém, os impactos ainda são mais negativos do que positivos (Brasil, 2015).

Outros dados também apresentam uma relação indireta com as mudanças climáticas. Segundo Vormittag (2011, p. 5), "a umidade relativa abaixo de 30% por 11 dias consecutivos (evento climático extremo) em São Paulo mostrou que o risco de morte por doenças cardiovasculares aumentou de 0,26% para 0,64% e o risco relativo de 0,45 para 0,92".

O esforço de relacionar saúde, meio ambiente e população é desenvolvido por vários pesquisadores em caráter multidisciplinar, o que enriqueceria nossas discussões. Porém, como mencionamos anteriormente, não é possível esgotar a temática por ora, e assim nos preocupamos em trazer apenas alguns tópicos para refletir sobre as interações entre clima, meio ambiente e saúde.

É importante mencionar que as discussões sobre as mudanças climáticas ainda dividem opiniões no que diz respeito às suas causas, se naturais ou antrópicas. Pensando nisso, seriam necessárias ainda outras reflexões antes de relacionar o tema com outros aspectos.

Autores destacam que a maioria dos estudos se pauta apenas nas mudanças de temperatura, no entanto, a dinâmica climática é muito mais complexa e necessita de estudos mais aprofundados.

Para fechar este ponto, devemos mencionar também o papel da mídia, que muitas vezes tem interesses comerciais e políticos ao trabalhar com a temática das mudanças climáticas, levando a população a conclusões que a ciência ainda não tem condições de confirmar.

5.2.2 A questão do desmatamento

Neste tópico, analisaremos aspectos do desmatamento, com ênfase no Brasil, para os relacionarmos ao crescimento populacional, industrial e, consequentemente, a uma maior busca por recursos nas florestas até anteriormente preservadas.

O controle do desmatamento tem importância por ser responsável por uma série de dinâmicas naturais, como a regulação climática global e local, a preservação de biodiversidade e a relação com sistemas hídricos.

Pesquisadores têm demonstrado grande preocupação com o desmatamento de florestas, que tem ocorrido com maior incidência em países em desenvolvimento. As causas são variadas, mas associam-se ao crescimento populacional, às migrações, à economia de mercado, à urbanização e à industrialização, além de fatores culturais, como o modo de vida familiar, e questões políticas, como os direitos de propriedades (Santos, 2010).

Para os autores Geist e Lambin (2001, citados por Sydenstricker-Neto, 2002), as causas principais do desmatamento podem ser diferenciadas em três grupos. O primeiro retrata a questão da expansão agrícola, que sabemos ter sido responsável por grande parte das migrações dentro do Brasil, compreendendo a agricultura itinerante (voltada ao abastecimento local), a agricultura permanente, a criação de gado e a colonização de novas terras; em escalas de menor influência, temos o segundo grupo, representado pela extração da madeira para comércio de lenha e produção de carvão vegetal; e, por último, o grupo que se refere à ampliação da infraestrutura, que consiste em serviços públicos ou privados, como a inserção de hidrelétricas, a mineração e a construção de estradas (Sydenstricker-Neto, 2002).

Segundo dados analisados por Hansen et al. (2008), um terço da superfície da Terra era constituída de florestas, cerca de 4 bilhões de hectares. Em sua pesquisa, os autores buscaram analisar as florestas tropicais, que representavam 6% dessas áreas. Ao analisar o período entre 2000 e 2005, observaram que 49% das florestas tropicais que apresentavam pouca alteração estavam no sudeste da Ásia, na África e na América Latina. A Amazônia brasileira se destacava por possuir muitas áreas intactas (Hansen et al., 2008).

O cenário de áreas intactas esteve e está ameaçado pelo desmatamento das florestas tropicais. Entre 2000 e 2005, acredita-se que foram degradados cerca de 27 milhões de hectares de florestas tropicais, em especial na América Latina, o que representa a perda de 2,7% dessas florestas. Durante esse período, o Brasil foi responsável pela perda de 47,8% de superfície de florestas tropicais do mundo (Hansen et al., 2008).

Para compreendermos como está a situação das florestas no Brasil, recorremos aos dados do Ministério do Meio Ambiente, que apresenta relatórios sobre o desmatamento dos biomas cerrado, caatinga, pantanal e mata atlântica (Brasil, 2015).

O último relatório disponível sobre a situação do cerrado trata do período de 2009 e 2010. Sua área total de abrangência é de

2.039.386 km². Os resultados sobre o desmatamento indicam que, até o ano de 2009, foram devastados 983.348 Km². Sobre a caatinga, que possui área total de 826.411 km², até o ano de 2008 foi registrada a perda de 375.116 km² devido ao desmatamento. O pantanal possui uma área de 151.313 km²; até o ano de 2009, cerca de 23.160 km² haviam sido desmatados. A mata atlântica, que possui área total de 1.103.961 km², teve cerca de 834.875 km² desmatados até o ano de 2002; entre os anos de 2002 e 2008 houve perda de 2.742 km² (Brasil, 2015).

Dentre os biomas destacados pelos altos índices de desmatamento, o que apresentou menor perda de florestas nativas foi a mata atlântica, porém os processos de ocupação desses locais ainda ocorrem com frequência. O bioma que apresenta os maiores registros de desmatamento é a Amazônia.

5.2.2.1 Amazônia: aspectos do desmatamento e degradação ambiental

Primeiramente, devemos destacar que a área total da Amazônia abrange outros países, com um total de 6,5 milhões de km². Segundo a Superintendência do Desenvolvimento da Amazônia (Sudam, 2015), além do Brasil, as terras amazônicas se estendem por Bolívia, Peru, Equador, Colômbia, Venezuela, República da Guiana, Suriname e Guiana Francesa.

Nessa grande área, encontram-se predominantes dois biomas: o da Amazônia, com cerca de 80% do total (3,2 milhões de km²), e o do cerrado, com cerca de 1 milhão de km². Em sua constituição, estão ecossistemas diferenciados, com áreas alagadas ou de terra firme com presença de grandes rios (Gazoni; Mota, 2010).

A Amazônia Legal engloba oito estados brasileiros: Acre, Amapá, Amazonas, Mato Grosso, Pará, Rondônia, Roraima, Tocantins e uma parte do estado do Maranhão. Em sua totalidade, há cerca de 5,1 milhões de km², representando 59% do território nacional. Segundo a Sudam (2015), foi a partir de 1970 que os investimentos em políticas de desenvolvimento iniciaram buscas mais marcantes por essas terras. Tradicionalmente, o meio de transporte dos nativos consistia em pequenas embarcações para circulação fluvial; mas, com as alterações em infraestruturas, mais presentes nas últimas décadas, o perfil dos moradores foi se alterando. A construção de estradas e a consequente urbanização se tornaram atrativos para a consolidação de cidades mais distantes dos rios. Esse processo, atrelado à industrialização, desencadeou e acelerou a derrubada das florestas.

O processo de desmatamento da Amazônia não ocorreu de forma linear. Pesquisas apontam que, na década de 1990, registrou-se uma grande perda da vegetação, totalizando 415.200 km². Nos anos de 2000, esse valor já atingira 590 mil km² de degradação (Sydenstricker-Neto, 2002).

É importante destacar também que o desmatamento ocorreu com maior intensidade em locais distintos. Se fôssemos construir um *ranking* de desmatamento, o Estado do Pará seria o primeiro desde o processo de migração para a região, seguido pelo Mato Grosso, ainda que com temporalidades e especificidades diferentes. O desmatamento do Mato Grosso é mais recente, pois data a partir dos anos de 1980, com o cultivo de grãos. Já no Estado do Pará o processo ocorreu anteriormente, entre os anos de 1960 e 1970, com a construção de estradas, a mineração, a extração de madeira, entre outros fatores (Sydenstricker-Neto, 2002).

As taxas de desmatamento continuam a crescer até os dias atuais. Segundo pesquisadores que trabalham com o Sistema de Alerta de Desmatamentos (SAD-MMA), no último relatório de impactos, até novembro de 2014, foram registrados índices altíssimos de desmatamento e degradação ambiental. Você deve diferenciar *desmatamento* de *degradação*: *desmatamento* é a retirada total das florestas e *áreas degradadas* são aquelas em que parte da vegetação sofre queimadas ou a extração de madeira. Vamos aos dados:

> Em novembro de 2014, o desmatamento concentrou no Pará (70%) e Mato Grosso (18%), com menor ocorrência em Roraima (5%), Amazonas (4%), Amapá (1%), Rondônia (1%) e Acre (1%). As florestas degradadas na Amazônia Legal somaram 86 quilômetros quadrados em novembro de 2014. Em relação a novembro de 2013 houve um aumento de 855%, quando a degradação florestal somou 9 quilômetros quadrados. (Fonseca; Souza Junior; Veríssimo, 2014, p. 1)

Mapa 5.1 - Desmatamento da Amazônia

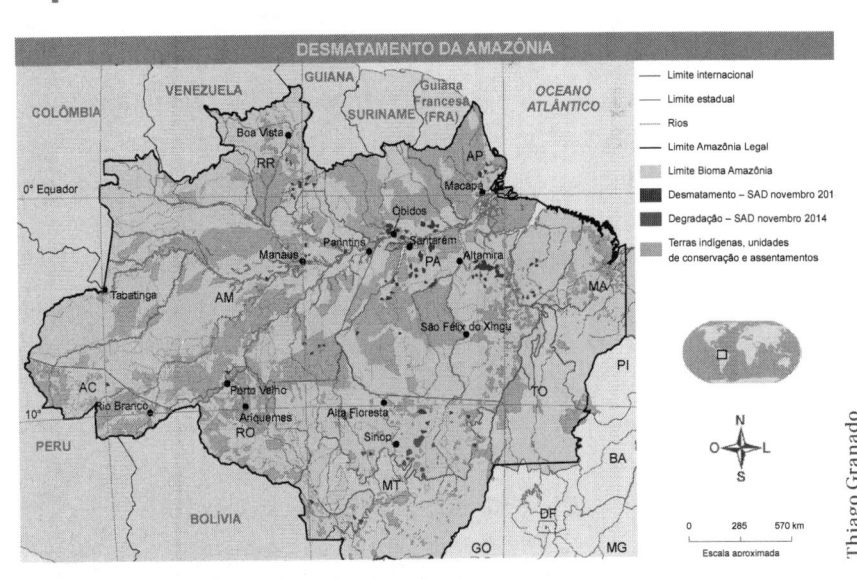

Fonte: Elaborado com base em Fonseca; Souza Junior; Veríssimo, 2014, p. 2.

> **Para refletir**
>
> Os altos índices de perda das florestas na Amazônia configuram apenas um dos exemplos de degradação ambiental no território nacional. Devido à biodiversidade de espécies animais e vegetais e à água doce presentes no bioma, esses índices são observados de perto, porém podemos ver que existe a necessidade de maior controle e fiscalização da área.

5.2.3 Água potável

Nosso próximo assunto está no *ranking* dos temas mais preocupantes em relação ao crescimento populacional e aos recursos naturais. A água potável e a geração de energia por meio de recursos hídricos são destaques nas pesquisas de qualidade de vida da população. Vale ressaltar inicialmente que 2/3 da superfície da Terra estão encobertos por água, porém somente 2,5% dessa água são utilizáveis em atividades de agricultura e para uso humano e animal – o restante é água salgada, nos mares e oceanos (Fofonka, 2008).

Segundo dados apontados pela Unep (2013), objetivou-se a meta de aumentar o acesso à água potável no mundo até 2015, e de fato ocorreu um aumento no percentual de população que o adquiriu, que passou dos 76%, em 1990, para 89%, em 2010. Estima-se que os 11% da população mundial que ainda não têm acesso à água potável correspondam a cerca de 783 milhões de pessoas (Unep, 2013).

No início deste século, as pesquisas já demonstravam que o crescimento populacional estaria caminhando ao lado da questão de escassez dos recursos hídricos. Por volta dos anos 2000, os pesquisadores já apontavam que os seres humanos estariam utilizando a metade da água doce disponível no globo (United Nations, 2001).

Sabemos que a água não é distribuída de forma homogênea, pois mais de meio bilhão de pessoas ainda sofre com sua escassez. Esses fatos estão associados aos países de baixa renda ou em desenvolvimento, que apresentaram altos índices de crescimento populacional, mas que não possuem condições de investir em tecnologias e novas maneiras de administrar o uso da água, entrando, dessa forma, em crise (United Nations, 2001).

Temos de levar em consideração que a escassez de água implica em outros problemas estruturais, principalmente no modo de vida urbano. A produção de alimentos e a geração de energia elétrica são diretamente prejudicadas pela sua falta.

Uma pesquisa publicada pela Unep (2013), quanto à classificação por bacias hidrográficas e ao estágio de escassez de água, obteve os seguintes resultados: dos totais apurados, foram pesquisados em torno de 405 bacias hidrográficas, apresentando um total de 2.050 milhões de pessoas com falta de água. Porém, como medidor, os pesquisadores optaram por classificar esse nível em *moderado*, *significativa* e *grave escassez* de água. Ao todo, 59 bacias, com 1,370 milhão de pessoas, estão classificadas como grave escassez e têm parte dos seus territórios na Índia, China e Paquistão. As que apresentaram risco significativo representam 0,15 bilhões de pessoas em 27 bacias; com risco moderado apresentam-se 55 bacias, com uma população estimada em 0,38 bilhões de pessoas (Unep, 2013).

É válido ressaltar que existem dificuldades nessas pesquisas, pois os dados disponíveis sobre a qualidade de água muitas vezes são incompletos e há poucos indicadores disponíveis.

Como educadores, tendo em vista toda a problemática dos recursos naturais, sabemos que a gestão tem um papel de extrema importância na manutenção desses serviços, de modo a garanti-los para toda a população, mas isso nem sempre acontece. Segundo o Banco Mundial (World Bank, 2014b), identificou-se, no caso da água, que 15 países da África Subsaariana destinaram menos de 2% dos gastos dos governos, no recorte de um ano, ao abastecimento de água e saneamento básico. Afirma-se, ainda, que a escassez de água é um dos fatores que limita o desenvolvimento econômico de um país. Além disso, a população mais pobre é a que mais sofre por esses problemas.

5.2.4 A questão da água no Brasil

Segundo a Agência Nacional de Águas (ANA, 2010), o Brasil é classificado como um dos países do mundo com maior abundância de água doce, com 13,8% do deflúvio médio mundial.

Assim como na escala global, essas águas não são distribuídas igualmente em todo o país; algumas regiões são conhecidas pela falta de água e pelo regime de secas, como no semiárido. Com a concentração de pessoas nas grandes capitais, algumas cidades têm apresentado problemas de falta de água; Fortaleza, Campina Grande, Recife e Caruaru têm passado por problemas que obrigam as cidades a recorrerem ao racionamento de água (ANA, 2010). Mais recentemente, no fim de 2014 e início de 2015, a mídia vem ressaltando a escassez de água na Região Sudeste do país.

Para entendermos qual a diferença entre os valores de disponibilidade de água no Brasil, podemos utilizar o exemplo apresentado pela ANA (2010), que demonstra a relação entre localidade e m^3 de água disponível. A região da Bacia Hidrográfica Amazônica (já mencionamos anteriormente a importância em recursos nessa região) apresenta elevada disponibilidade hídrica, com vazões na ordem de 74 mil m^3/s. No entanto, em regiões do nordeste, como parte do Rio Grande do Norte e Paraíba, há em torno de 100 m³/s (ANA, 2010).

Essa disparidade também é apresentada por Ferreira, Pinheiro e Silva (2008), que apontam que a região do Atlântico Leste (seguindo pelo litoral do Espírito Santo, Bahia e Sergipe) tem pouca disponibilidade de água, fato que está associado a baixos índices de pluviosidade e a elevadas taxas de evapotranspiração.

Outro fator importante é a densidade populacional. Por fatores históricos, a concentração da população brasileira ocorreu no litoral. Pensando nisso, devemos refletir se existe disponibilidade hídrica para essa concentração. Pesquisadores apontam que 45% da população reside em regiões litorâneas; essa estimativa leva em consideração todas as áreas litorâneas do Atlântico, do sul ao norte do país; esses locais são responsáveis por apenas 3% da disponibilidade hídrica nacional. Outro exemplo citado é o da Região Hidrográfica do Paraná, que possui apenas 6% dos recursos hídricos superficiais, ainda que concentre 36% da população urbana do país (ANA, 2010).

O Atlas Brasil, elaborado a partir de uma parceria do Ministério do Meio Ambiente com a ANA, tem por objetivo, além de analisar os cenários atuais de distribuição dos recursos hídricos, auxiliar nas gestões de recursos para evitar agravos na distribuição das águas. Após a análise da situação das águas em 5.565 municípios brasileiros, os pesquisadores chegaram aos seguintes resultados:

> dos 5.565 municípios brasileiros, 45% possuem abastecimento satisfatório, o que equivale a dizer que 52 milhões de habitantes terão garantia de oferta de água para o abastecimento urbano até o ano de 2015. Contudo, 55% dos municípios poderão ter abastecimento deficitário até esse ano, decorrente de

problemas com a oferta de água do manancial (superficial e/ou subterrâneo), em quantidade e/ou qualidade, ou com a capacidade dos sistemas produtores, ou, ainda, por ambas as razões. (ANA, 2010, p. 45)

Outras projeções também são feitas igualmente para o crescimento populacional, com vistas à identificação de cenários futuros, pensando na gestão dos recursos. A projeção da demanda de água para o ano de 2025 indica que as regiões Sudeste e Nordeste serão as que mais necessitarão de demandas, em torno de 71%, pois também concentram por volta de 62% dos municípios do país (ANA, 2010).

É interessante ressaltar que essas projeções foram feitas em 2010, mas, atualmente, a Região Sudeste vem enfrentando uma grave crise hídrica, o período de maior seca em vários anos, ocasionado pela falta de chuvas no início de 2013, quando os reservatórios apresentaram níveis baixos de armazenamento, provocando políticas de racionamento, falta de energia elétrica e mal-estar generalizado na população.

5.2.4.1 Região Sudeste

Dando continuidade a nossas discussões, julgamos necessário também trazer alguns aspectos da atual situação na Região Sudeste, pois já mencionamos que se trata da região mais populosa do Brasil. Entender como ocorreu a estiagem e quais variáveis devem ser consideradas nesse processo será de grande valia para nosso aprendizado.

Primeiramente, fazem parte da variabilidade climática as oscilações no regime de chuvas. No entanto, pesquisadores já vêm apontando que o desmatamento da Amazônia pode interferir no regime de chuvas no verão em todo o território nacional. De qualquer forma, a partir do momento em que se registrou uma baixa nos reservatórios da Região Sudeste, algumas medidas preventivas deveriam ter ocorrido.

Neste momento, não pretendemos promover análises profundas sobre os regimes de chuva nem sobre as tomadas de decisão ou a falta delas. O que propomos é trazer para discussão por quais impactos o grande contingente populacional está passando e ainda passará até que a crise da água seja superada.

Segundo o IBGE (2015b), o sudeste brasileiro possui 74.696.178 habitantes. Em novembro de 2014, os noticiários já mencionavam um total de 133 cidades com problemas por falta de água, atingindo um contingente populacional de 27,6 milhões de pessoas, e esses números só tenderam a aumentar (Udop, 2014). A mídia vem noticiando que a falta de água começa a afetar a produtividade, gerando um caos nas indústrias que dependem dela; em virtude disso, poderá ocorrer migração, tanto de pessoas quanto das indústrias.

Entre as alternativas para controlar a situação, o racionamento de água se apresenta como uma medida inicial. Campanhas no Estado de São Paulo, por exemplo, preveem desconto nas taxas de água para moradores que economizarem água.

O problema da falta de água foi inicialmente gerado pela escassez de chuvas, porém, para compreender como se instaurou esse quadro, é importante também pensar sobre as alterações antrópicas dos ecossistemas, que alteram o regime de chuvas, por exemplo, bem como sobre as políticas públicas e seu papel de gerir as cidades e de prevenir a falta de recursos básicos.

Por fim, resta-nos ressaltar que a população é a mais afetada por esses problemas e, no momento, o quadro é de grandes incertezas.

5.2.5 Fome

Outro assunto muito discutido e de extrema urgência é a falta de alimentos no mundo. À medida que analisamos novos assuntos, você perceberá que eles estão correlacionados uns aos outros. A fome está associada a outros recursos, como água e degradação ambiental, fertilidade dos solos e, em escala global, com a questão das mudanças climáticas, que dificultam a produção de determinados alimentos.

Apontamos anteriormente que existem países que apresentam mais fragilidade de recursos naturais e/ou uma gestão que não proporciona o acesso a todas as pessoas. O problema da fome, por exemplo, em escala mundial, concentra-se na África, ao Sul do deserto do Saara, e também em Bangladesh. Segundo pesquisadores, outros locais apresentam o mesmo problema em menor proporção, como Índia e Paquistão (Abramovay, 2011).

O que gostaríamos de reforçar é que a fome não advém apenas da falta de alimentos, mas sim da falta de acesso, de mercado e de condições de produzi-los. Vimos que muitos locais do mundo apresentam fragilidade em relação à água doce. O clima também é um determinante local que passa por alterações significativas, alterando os modos de produção e de subsistência em determinados locais. Nesse sentido, devemos refletir que o problema de água na África, por exemplo, é também responsável pelo problema da falta de alimentos. Há que se levar em consideração que o modo de vida nessa região ainda é predominantemente rural e, se as condições ambientais não possibilitam o cultivo, logo, outras formas de obter alimentos devem ser pensadas.

O aumento no preço dos alimentos é algo que vem ocorrendo nos últimos anos e que contribui com o cenário de má alimentação de muitas famílias carentes. O Banco Mundial (World Bank, 2014a) aponta que a desnutrição é responsável pela morte de 1/3 das crianças do mundo.

Direcionando para o Brasil, o tema *geografia da fome* foi apresentado pelo autor Josué de Castro (1908-1973) em uma série de obras que abordam aspectos de sua incidência pelo Brasil a partir dos anos 1930. Suas obras servem de referência no tema por tratarem a questão da fome relacionando-a com aspectos naturais, sociais e políticos.

Em 1946, Josué de Castro publicou a primeira versão da obra *Geografia da fome: o dilema brasileiro – pão ou aço*, que, na época (logo após a Segunda Guerra Mundial), propôs discutir a relação entre industrialização e política econômica. Nessa obra, o autor dividiu o país por regiões da fome, alegando que existiam regiões onde o problema era crônico e que se diferiam de outras que também apresentavam problemas de subnutrição. Segundo o autor, essas diferenças estavam relacionadas às peculiaridades culturais, aos modos de vida da população e a questões de ordem política e estrutural de modo mais expressivo do que às condições ambientais para o cultivo de alimento; por esse motivo, caracterizavam certas populações como de hábitos alimentares diferenciados e defeituosos (Castro, 2008).

Pensar na geração de alimentos para toda a população demanda analisar, além dos aspectos ambientais, a forma como ocorre a gestão política. Com o crescimento populacional, a preocupação com a alimentação é uma variável importante. Mencionamos anteriormente que as projeções indicam um contingente populacional de 9 bilhões de pessoas em 2050; porém, para suprir a fome desse número de pessoas, o Banco Mundial (World Bank, 2014a) aponta que será preciso produzir 50% a mais de alimentos. O desafio será conciliar essa produção com o cenário de degradação ambiental e com as mudanças climáticas que alteram os ecossistemas naturais.

Síntese

A relação entre as teorias populacionais e as questões ambientais se constituiu um desafio para a elaboração deste capítulo, devido ao fato de as relações nem sempre serem diretamente interligadas. Ao iniciarmos as buscas por periódicos e publicações na área, surgiram muitos trabalhos pontuais, que tratavam, por exemplo, de alguns aspectos relacionados aos impactos em bacias hidrográficas, característicos dos estudos ambientais e de sua relação com a degradação. Muitas vezes, a relação entre impacto e população permanece subentendida e pouco destacada.

A bibliografia internacional tende a tratar mais amplamente de questões relacionadas à população e ao meio ambiente, pois esses estudos são mais atuais nas pesquisas brasileiras, haja vista a diferença na temporalidade dos fatos.

Vimos que a utilização de modelos quantitativos representou um avanço na formulação de cenários preditivos para os impactos ambientais e também que há fragilidade na relação com as questões sociais. Muitos aspectos acabam sendo negligenciados, sobretudo em função da escala de trabalho; assim, o tema se torna um obstáculo para a ciência.

Uma forte crítica aos modelos derivou da tendência à generalização de fatos e da consequente fragmentação do espaço. Tendo em vista esse contexto e com consciência da debilidade que pode apresentar para nossas discussões, ressaltamos que a divisão dos temas ocorreu com base nas publicações já existentes. Sabemos da necessidade do avanço nas pesquisas dessa área, mas também acreditamos nos resultados que são apresentados em escalas distintas como alavancas do desenvolvimento da ciência.

Estudamos alguns temas importantes, apresentados nas principais pesquisas ambientais com a temática do crescimento populacional, destacando que os temas tendem a estar diretamente relacionados entre si. As questões da água, do desmatamento, da fome, entre outras, são reflexo dos fatos históricos e do desenvolvimento das sociedades e não devem ser encaradas de forma individualizada.

Outros temas podem ser lembrados quando pensamos nessas questões, tais como a condição do indígena, o acúmulo de resíduos sólidos, industriais e domésticos, a questão das moradias irregulares e a degradação das encostas, que também são pertinentes às questões populacionais. Justificamos que nenhum dos temas abordados se sobrepõe em importância aos demais, e já esclarecemos que não apresentamos dados em caráter conclusivo.

Indicações culturais

Documentário

AFTERMATH: Population Zero. EUA: National Geographic, 2008. 86 min.

Trata-se de um documentário produzido pela National Geographic, ao longo do qual discute-se a questão do homem e seu impacto na natureza. O objetivo principal é questionar como seria se a natureza voltasse a ter o domínio da Terra, se por acaso todos os humanos desaparecessem da noite para o dia. Convidamos você a refletir sobre os impactos do homem e, por meio do vídeo, pensar sobre as alterações que as sociedades impõem à natureza.

Atividades de autoavaliação

1. Sobre o crescimento populacional e a questão ambiental, assinale V para as alternativas verdadeiras e F para as falsas:

    ( ) Pesquisadores identificaram que as populações rurais são as mais responsáveis pela utilização da água, visto que, no perímetro urbano, ela é utilizada em índices menores, principalmente nos domicílios.

    ( ) Na obra *The Population Bomb Revisited*, de Ehrlich e Ehrlich (2009), os autores observaram que a expansão da agricultura extensiva é a grande responsável pela erosão de solos.

    ( ) Alguns dos temas de cunho ambiental que mais se relacionam com as questões demográficas são recursos hídricos, energia, mudanças climáticas e desastres ambientais.

    ( ) Segundo Martine (1996), falhas nos estudos ambientais ocorrem devido ao fato de as políticas ambientais se destinarem apenas aos países em desenvolvimento.

    ( ) Críticas são feitas aos estudos de população e meio ambiente por apresentarem fatos generalizados e fragmentados, não representando a totalidade da questão mundial.

    Agora, assinale a alternativa que corresponde à sequência correta:
    a) V, F, V, F, V.
    b) F, V, F, F, V.
    c) F, V, F, V, V.
    d) F, V, V, F, V.

2. Discussões sobre as mudanças climáticas globais estão em alta e dividem opiniões devido à sua origem, se natural ou antrópica. Assinale a alternativa com a afirmação correta sobre o assunto:

a) As mudanças climáticas são responsáveis pelas discussões sobre o aquecimento global que advém do uso indevido de recursos naturais.

b) O excesso de poluentes originados das indústrias e dispersos nas atmosfera contribui com o regime de chuvas e com o aumento das temperaturas.

c) Em relação à saúde da população, pesquisas têm apontado que o aquecimento global pode ser responsável por altos índices de mortalidade infantil.

d) O CO_2, produzido pela queima de combustíveis fósseis na indústria e nas cidades e pelas queimadas das florestas, é um dos vilões do aquecimento global. Políticas de controle de emissão têm colaborado para seu controle.

3. Modelos quantitativos e qualitativos surgiram como alternativa para a medição de impactos ambientais. Sobre o tema, assinale a afirmação correta:

a) A Curva de Kuznets, adaptada para o estudo de questões ambientais, relaciona o aumento da população e da renda com a diminuição da degradação ambiental.

b) O modelo apresentado pelos pesquisadores Paul Ehrlich e J. P. Holdren consiste na utilização da fórmula I = P +A + T.

c) A curva de Kuznets Ambiental é uma representação que indica a relação entre as pressões ambientais e o desenvolvimento econômicos dos países.

d) Os modelos são a melhor alternativa para a análise de impactos ambientais, por levarem em consideração todas as variáveis ambientais e sociais.

4. O desmatamento é um grave problema ambiental cuja intensificação ocorreu no século XX. Sobre isso, assinale V para as alternativas verdadeiras e F para as falsas:

( ) Um dos principais movimentos migratórios no Brasil ocorreu com a expansão agrícola. Com isso, a vegetação nativa de muitas áreas foi degradada.

( ) Os países que apresentam os mais altos índices de desmatamento estão no hemisfério norte.

( ) O desmatamento da Amazônia representa um grande perigo à biodiversidade mundial. Em novembro de 2014, o Estado do Pará foi o que apresentou mais áreas degradadas.

( ) As florestas degradadas na Amazônia Legal somaram 86 quilômetros quadrados em novembro de 2014. Em relação a novembro de 2013, houve um aumento de 855%, quando a degradação florestal somou 9 quilômetros quadrados.

( ) O problema do desmatamento pode ser considerado um fator individual se analisarmos o desenvolvimento das tecnologias e os impactos ambientais.

Agora, assinale a alternativa que corresponde à sequência correta:

a) V, F, V, V, V.
b) F, V, F, F, V.
c) F, V, F, V, V.
d) V, F, V, V, F.

5. Sobre os recursos hídricos e a água potável no Brasil, assinale a alternativa correta:

a) Com a concentração de pessoas nas grandes capitais, estas têm apresentado cada vez mais problemas de falta de água; Fortaleza, Campina Grande, Recife e Caruaru têm passado por problemas que as obrigam recorrer ao racionamento de água.

b) Em agosto de 2014, notícias mencionavam que várias cidades da Região Sudeste brasileira apresentavam problemas de escassez de água devido à existência de muitas indústrias no local.

c) O Brasil é classificado como um dos países do mundo com menos reservatórios de água doce.

d) As projeções para o ano de 2025 indicam que não haverá problemas com escassez de água, pois existe uma tendência de diminuição populacional.

Atividades de aprendizagem

Questões para reflexão

1. Com base no texto introdutório sobre população e meio ambiente, explique qual sua visão do papel da geografia na compreensão das dinâmicas demográficas e sua relação com a natureza.

2. Pensando nas questões ambientais de sua cidade, reflita e aponte quais problemas socioambientais são decorrentes da aglomeração urbana.

Atividade aplicada: prática

1. Considerando o modelo de equação apresentado pelos pesquisadores Paul Ehrlich e J. P. Holdren, em 1970, com base na fórmula I = P.A.T, apresente uma teoria sobre algum tipo de impacto que você poderia pesquisar utilizando os conceitos apresentados pelos autores.

Considerações finais

Trouxemos, ao longo desta obra, conteúdos referentes às dinâmicas populacionais e como elas refletem no cotidiano das pessoas. Analisamos as dinâmicas populacionais nas diferentes escalas, evidenciando fatores globais e locais, de modo a destacar aspectos importantes para os estudos em geografia.

Trabalhamos os conceitos e termos utilizados para caracterizar fenômenos populacionais, tais como *migração* e *crescimento populacional*, todos eles necessários para a compreensão da atual configuração das sociedades.

As reflexões sobre os processos de urbanização – e, consequentemente, o crescimento populacional – foram trazidas por meio de importantes autores e de suas teorias, que se destinaram a compreender esses fenômenos, trazendo à luz problemas estruturais que poderiam se tornar um impedimento para a manutenção da vida. Dentre as teorias, vimos a de Malthus, que foi um importante pensador da sua época e cuja ideologia foi amplamente utilizada posteriormente, servindo de base para outros estudos; apontamos também que os dados atuais demonstram que a produção de alimentos poderá superar as expectativas do teórico.

Destacamos, ainda, que as políticas populacionais são diferentes em determinados locais e em diferentes tempos, ora incentivando, ora coibindo o processo de natalidade das populações. Esses fatos são importantes para compreendermos a dinâmica de países muito populosos, como é o caso da China e da Índia, e de países que apresentaram baixos índices de natalidade, o que resultaria em falta de mão de obra e de população em idade ativa no mercado, como é o caso de alguns países da Europa. Nesse sentido, as políticas atuam para controlar as situações e acabam por favorecer as migrações.

Os processos migratórios e o inchaço das cidades são resultado também da industrialização e da demanda por mercado de trabalho, o que acaba por definir a formação de sociedades multiculturais e multiétnicas, que podem ser observadas tanto nacional como internacionalmente. Alguns exemplos são as médias e grandes cidades brasileiras que apresentam bairros ou praças destinados a algum tipo de cultura e público específico.

Mediante o crescimento populacional e a industrialização, também apresentamos os problemas geradores de impactos ambientais em grandes escalas. As preocupações com a degradação ambiental ainda são muito recentes se comparadas ao tempo do homem na Terra; demonstram, contudo, a necessidade de utilizar os recursos naturais com responsabilidade. Os exemplos que utilizamos foram pensados para demonstrar a ligação existente entre a produção de bens e o consumo e a má gestão dos ambientes, rurais e urbanos, o que acaba por impactar o meio, ocasionando problemas como a contaminação de água e solos, além de impactos de ordem estrutural, como moradias irregulares, falta de saneamento básico, entre outros, que acarretam os principais problemas ambientais da atualidade.

Sabemos que a discussão que envolve os temas população, sociedade e meio ambiente se estende por um caminho muito longo e, por vezes, muito complexo. Porém, acreditamos que esta obra sirva para aguçar o saber e despertar a curiosidade científica sobre esse tema.

Referências

ABRAMOVAY, R. Integrar sociedade e natureza na luta contra a fome no século XXI. **Cadernos de Saúde Pública**, vol. 24, n. 11, p. 2704-2709, nov. 2011.

ADAS, M. **Panorama geográfico do Brasil**: contradições, impasses e desafios socioespaciais. São Paulo: Moderna, 2000.

ALVES, J. E. D. **Anti-neomalthusianismo ou pró-natalismo disfarçado?** 2013a. Disponível em: <http://www.ecodebate.com.br/2013/11/27/anti-neomalthusianismo-ou-pro-natalismo-disfarcado-artigo-de-jose-eustaquio-diniz-alves>. Acesso em: 17 nov. 2015.

ALVES, J. E. D. **As políticas populacionais e os direitos reprodutivos**: "o choque de civilizações" versus progressos civilizatórios. 2004. Disponível em: <http://www.abep.nepo.unicamp.br/docs/outraspub/cario10/cairo10alves21a48.pdf>. Acesso em: 7 nov. 2015.

ALVES, J. E. D. As políticas populacionais e o planejamento familiar na América Latina e no Brasil. **Escola Nacional de Ciências estatísticas**, Rio de Janeiro, n. 21, 2006. Disponível em: <http://biblioteca.ibge.gov.br/visualizacao/livros/liv31808.pdf>. Acesso em: 7 nov. 2015.

ALVES, J. E. D. **Explosão, implosão ou divisão demográfica?** 2013b. Disponível em: <http://www.ecodebate.com.br/2013/09/25/explosao-implosao-ou-divisao-demografica-por-jose-eustaquio-diniz-alves>. Acesso em: 7 nov. 2015.

ALVES, J. E. D. **Novas projeções da população mundial até 2100**. 2013c. Disponível em: <http://www.ecodebate.com.br/2013/07/12/novas-projecoes-da-populacao-mundial-ate-2100-artigo-de-jose-eustaquio-diniz-alves>. Acesso em: 7 nov. 2015.

ALVES, J. E. D. **Projeções para a população mundial 2000-2300**: o futuro está aberto. 2013d. Disponível em: <http://www.ecodebate.com.br/2013/10/04/projecoes-para-a-populacao-mundial-2000-2300-o-futuro-esta-aberto-artigo-de-jose-eustaquio-diniz-alves>. Acesso em: 7 nov. 2015.

ANA – Agência Nacional de Águas. **Atlas Brasil**: abastecimento urbano de água: Panorama Nacional. Brasília: ANA, 2010. Disponível em: <http://atlas.ana.gov.br/Atlas/downloads/atlas/Resumo%20Executivo/Atlas%20Brasil%20-%20Volume%201%20

-%20Panorama%20Nacional.pdf>. Acesso em: 7 nov. 2015.

ATLAS DE DESENVOLVIMENTO HUMANO NO BRASIL. 2013. Disponível em:<http://www.atlasbrasil.org.br/2013>. Acesso em: 9 mar. 2016.

BASSANEZI, M. S. C. B. Migrantes no Brasil da segunda metade do século XIX. In: ENCONTRO NACIONAL DE ESTUDOS POPULACIONAIS, 12., 2000, Caxambu. **Anais...** Belo Horizonte: ABEP, 2000. Disponível em: <http://www.abep.nepo.unicamp.br/docs/anais/pdf/2000/Todos/hist1_4.pdf>. Acesso em: 7 nov. 2015.

BHATTARAI, M.; YANDLE, B.; VIJAYARAGHAVAN, M. **The Environmental Kuznets Curve**: a Primer. 2002. Disponível em: <http://www.macalester.edu/~wests/econ231/yandleetal.pdf>. Acesso em: 7 nov. 2015.

BONAVIDES, P. **Ciência política**. 10. ed. São Paulo: Malheiros Editores, 2002.

BRASIL. Constituição (1946). **Diário Oficial [da] República dos Estados Unidos do Brasil**, Rio de Janeiro, 18 set. 1946. Disponível em: <http://www.planalto.gov.br/ccivil_03/Constituicao/Constituicao46.htm>. Acesso em: 28 dez. 2015.

BRASIL. Ministério do Meio Ambiente. **Florestas**. Disponível em: <www.mma.gov.br/florestas>. Acesso em: 7 nov. 2015.

BRITO, F. A politização das migrações internacionais: direitos humanos e soberania nacional. **Revista Brasileira de Estudos de População**, Rio de Janeiro, v. 30, n. 1, p. 77-97, jan./jun. 2013. Disponível em: <http://www.scielo.br/pdf/rbepop/v30n1/v30n1a05.pdf>. Acesso em: 7 nov. 2015.

CASTRO, J. **Geografia da fome**: o dilema brasileiro - pão ou aço. Rio de Janeiro: Civilização Brasileira, 2008.

CERQUEIRA, C. A.; GIVISIEZ, G. H. N. Conceitos básicos em demografia e dinâmica demográfica brasileira. In: RIOS-NETO, E. L. G.; RIANI, J. de L. R. (Org.). **Introdução à demografia da educação**. Campinas: Associação Brasileira de Estudos Populacionais, 2004. Disponível em: <http://www.abep.nepo.unicamp.br/docs/outraspub/demoedu/parte1cap1p13a44.pdf>. Acesso em: 14 fev. 2016.

COLUMBIA UNIVERSITY. Heilbrunn Department of Population and Family Health. **Population Pyramids**. Disponível em: <http://healthandrights.ccnmtl.columbia.edu/img/figure1.gif>. Acesso em: 28 dez. 2015.

CONTI, J. B. Considerações sobre as mudanças climáticas globais. **Revista do Departamento de Geografia**, n. 16, p. 70-75, 2005. Disponível em: <http://www.geografia.fflch.usp.br/publicacoes/RDG/RDG_16/Jos%C3%A9_Bueno_Conti.pdf>. Acesso em: 7 nov. 2015.

DAILY, G. C.; EHRLICH, P. R. Population, Sustainability, and Earth's Carrying Capacity. **BioScience**, v. 42, n. 10, p. 761-771, 1992. Disponível em: <http://dieoff.org/page112.htm>. Acesso em: 7 nov. 2015.

DAMIANI, A. L. **População e geografia**. São Paulo: Contexto, 2008.

DANTAS, E. M.; FERNANDES, C. M. J.; MORAIS, I. R. D. **Geografia da população**. 2. ed. Natal: EdUFRN, 2011.

DESA. **World Population Prospects the 2012 Revision**. 2013. Disponível em: <http://esa.un.org/unpd/wpp/Publications/Files/WPP2012_HIGHLIGHTS.pdf>. Acesso em: 7 nov. 2015.

ECO4U. Disponível em: <https://eco4u.files.wordpress.com/2009/12/21dejunhode2006.jpg>. Acesso em: 9 nov. 2015.

EDITORA DO BRASIL. **Densidade demográfica**. Disponível em: <http://www.editoradobrasil.com.br/jimboe/img/galeria/geografia/ano5/unidade2/JBG5063.jpg>. Acesso em: 28 dez. 2015.

EHRLICH, P. R.; EHRLICH, A. H. The Population Bomb Revisited. **The Electronic Journal of Sustainable Development**, v. 1, n. 3, 2009. Disponível em: <http://www.populationmedia.org/wp-content/uploads/2009/07/Population-Bomb-Revisited-Paul-Ehrlich-20096.pdf>. Acesso em: 7 nov. 2015.

ESTADÃO. **Enciclopédia do estudante**: geografia geral. São Paulo: Moderna, 2008.

FERREIRA, M.; PINHEIRO, M. R. C.; SILVA, J. A. F. Recursos hídricos: água no mundo, no Brasil e no Estado do Rio de Janeiro. **Boletim do Observatório Ambiental Alberto Ribeiro Lamego**, v. 2, n. 2, p. 29-36, 2008.

FOFONKA, L. Terra: Planeta Água. **Revista Educação ambiental em ação**, n. 25, ano VII, set./nov./2008. Disponível em: <http://www.revistaea.org/artigo.php?idartigo=612>. Acesso em: 28 dez. 2015.

FONSECA, A.; SOUZA JUNIOR, C.; VERÍSSIMO, A. **Boletim do desmatamento da Amazônia legal (novembro de 2014) SAD**. 2014. Disponível em: <http://imazon.org.br/PDFimazon/Portugues/transparencia_florestal/amazonia_legal/

SAD-Novembro2014.pdf>. Acesso em: 7 nov. 2015.

G1 Brasil. **Em 50 anos, percentual de idosos mais que dobra no Brasil**. Disponível em: <http://g1.globo.com/brasil/noticia/2012/04/em-50-anos-percentual-de-idosos-mais-que-dobra-no-brasil.html>. Acesso em: 17 fev. 2016.

GALLO, P. M.; MARANDOLA JUNIOR, E. Ser migrante: implicações territoriais e existenciais da migração. **Revista Brasileira de Estudos de População**, Rio de Janeiro, v. 27, n. 2, p. 407-424, jul./dez. 2010. Disponível em: <http://www.scielo.br/pdf/rbepop/v27n2/10.pdf>. Acesso em: 7 nov. 2015.

GAZONI, J. L.; MOTA, J. A. Fatores político-econômicos do desmatamento na Amazônia Oriental. **Sustentabilidade em Debate**, v. 1, p. 25-44, 2010.

GENNARI, A. M. Duas teorias da população no pensamento clássico: Karl Marx e Thomas Malthus. In: COLÓQUIO INTERNACIONAL MARX ENGELS, 6., 2009, Campias. **Anais**... Campinas: IFCH/Unicamp, 2009.

GEORGE, P. **Populações ativas**. São Paulo: Difel, 1979.

GOLDSTONE, J. A.; KAUFMANN, E. P.; TOFT, M. D. **Political Demography**: how Population Changes are Reshaping International Security and National Politics. Colorado: Paradigms Publishers, 2011.

GONÇALVES, A. J. Migrações Internas: evoluções e desafios. **Estudos Avançados**, v. 15, n. 43., 2001.

GOOGLE. **Public Data**: Taxa de fertilidade. Disponível em: <http://goo.gl/lbz1zU>. Acesso em: 28 dez. 2015a.

GOOGLE. **Public Data**: Taxa de mortalidade. Disponível em: <http://goo.gl/WAZ0Md>. Acesso em: 28 dez. 2015b.

GOOGLE. **Public Data**: Taxa de mortalidade com menos de 5 anos. Disponível em: <http://goo.gl/7K63X5>. Acesso em: 28 dez. 2015c.

GOOGLE. **Public Data**: Taxas – Esperança de vida. Disponível em: <http://goo.gl/Ksdu6F>. Acesso em: 28 dez. 2015d.

HANSEN, M. C. et al. Humid Tropical Forest Clearing From 2000 to 2005 Quantified by Using Multitemporal and Multiresolution Remotely Sensed Data. **Proc. Natl. Acad. Sci**, USA, v. 105, n. 27, p. 9439-9444, 2008. Disponível em: <http://www.ncbi.nlm.nih.gov/pmc/articles/PMC2453739>. Acesso em: 7 nov. 2015.

HENRIQUES, A. **Thomas Robert Malthus**: a teoria malthusiana.

2007. Disponível em: <http://www.miniweb.com.br/ciencias/artigos/thomas_robert_malthus.pdf>. Acesso em: 7 nov. 2015.

HOGAN, D. J. Crescimento populacional e desenvolvimento sustentável. **Lua Nova: Revista de Cultura e Política**, São Paulo, n. 31, p. 57-77, 1993. Disponível em: <http://www.scielo.br/scielo.php?script=sci_arttext&pid=S0102-64451993000300004>. Acesso em: 7 nov. 2015.

HOGAN, D. J. Mobilidade populacional, sustentabilidade ambiental e vulnerabilidade social. **Revista Brasileira de Estudos de População**, São Paulo, v. 22, n. 2, p. 323-338, jul./dez. 2005. Disponível em: <http://www.scielo.br/pdf/rbepop/v22n2/v22n2a08.pdf>. Acesso em: 7 nov. 2015.

HUIZINGA, J. **O outono da Idade Média**. São Paulo: Cosac & Naify, 2010.

IBGE – Instituto Brasileiro de Geografia e Estatística. Disponível em: <www.ibge.gov.br>. Acesso em: 7 nov. 2015a.

IBGE – Instituto Brasileiro de Geografia e Estatística. **Brasil**: 500 anos de povoamento. Rio de Janeiro, 2000.

IBGE – Instituto Brasileiro de Geografia e Estatística. **Censo Demográfico 2010**: resultados gerais da amostra. Disponível em: <http://www.ibge.gov.br/home/presidencia/noticias/imprensa/ppts/00000008473104122012315727483985.pdf>. Acesso em: 7 nov. 2015b.

IBGE – Instituto Brasileiro de Geografia e Estatística. **Cidades**. Disponível em: <www.cidades.ibge.gov.br>. Acesso em: 7 nov. 2015c.

IBGE – Instituto Brasileiro de Geografia e Estatística. **Distribuição percentual da população por grandes grupos de idade**: Brasil. Disponível em: <http://brasilemsintese.ibge.gov.br/populacao/distribuicao-da-populacao-por-grandes-grupos-de-idade.html>. Acesso em: 16 maio 2016a.

IBGE – Instituto Brasileiro de Geografia e Estatística. **Fecundidade**. Disponível em: <http://7a12.ibge.gov.br/vamos-conhecer-o-brasil/nosso-povo/nupcialidade-e-fecundidade.html>. Acesso em: 16 maio 2016b.

IBGE – Instituto Brasileiro de Geografia e Estatística. **Projeção da população**. Disponível em: <http://www.ibge.gov.br/home/estatistica/populacao/projecao_da_populacao/2008/piramide/piramide.shtm>. Acesso em: 9 maio 2016c.

IBGE – Instituto Brasileiro de Geografia e Estatística.

Projeção da população por sexo e idade: Brasil 2000-2060 – unidades da federação 2000-2030. 29 ago. 2013. Disponível em: <http://www.ibge.gov.br/home/presidencia/noticias/imprensa/ppts/00000014425608112013563329137649.pdf>. Acesso em: 16 maio 2016.

IBGE – Instituto Brasileiro de Geografia e Estatística. **Sala de imprensa**. 2014. Disponível em: <http://saladeimprensa.ibge.gov.br/noticias?view=noticia&id=1&busca=1&idnoticia=2773>. Acesso em: 7 nov. 2015.

IBGE – Instituto Brasileiro de Geografia e Estatística. **Síntese de indicadores sociais**. 2002. Disponível em: <http://www.ibge.gov.br/home/presidencia/noticias/12062003indic2002.shtm>. Acesso em: 16 dez. 2015.

IBGE – Instituto Brasileiro de Geografia e Estatística. **Tendências demográficas no período de 1950/2000**: uma análise da população com base nos resultados dos censos demográficos de 1940 e 2000. Disponível em: <http://www.ibge.gov.br/home/estatistica/populacao/tendencia_demografica/analise_populacao/1940_2000/comentarios.pdf>. Acesso em: 15 dez. 2015d.

IZAZOLA, H.; JOWETT, A. **Population, Natural Resources and Environment**. 2010. Disponível em: <http://www.eolss.net/Sample-Chapters/C04/E6-147-20.pdf>. Acesso em: 7 nov. 2015.

KIELING, R. I. **Janela de oportunidade demográfica**: um estudo sobre os impactos econômicos da transição demográfica no Brasil. 102 f. Dissertação (Mestrado em Economia) – Universidade Federal do Rio Grande do Sul, Porto Alegre, 2009. Disponível em: <http://www.lume.ufrgs.br/bitstream/handle/10183/18878/000729078.pdf>. Acesso em: 7 nov. 2015.

KINGSLEY, P. Primavera árabe desencadeia maior onda de migração desde a 2ª Guerra. **Folha de São Paulo**, 11 jan. 2015. Disponível em: <http://www1.folha.uol.com.br/ilustrissima/2015/01/1572840-primavera-arabe-desencadeia-maior-onda-de-migracao-desde-a-2-guerra.shtml>. Acesso em: 9 nov. 2015.

KIRK, D. Demographic Transition Theory. **Population Studies**, v. 50, p. 361-387, 1996. Disponível em: <https://srliebel.files.wordpress.com/2012/08/dudley-ps-1996.pdf>. Acesso em: 7 nov. 2015.

KUGLER, H. Seca revisitada. **Ciência Hoje**, 24 out. 2013. Disponível em: <http://cienciahoje.uol.com.br/revista-ch/2013/308/

seca-revisitada>. Acesso em: 9 nov. 2015.

MARQUETTE, C. **Population and Environment Relationships in Developing Countries**: a Select Review of Approaches and Methods. 1997. Disponível em: <http://bora.cmi.no/dspace/bitstream/10202/303/1/WP%201997_15%20Catherine%20Marquette-07112007_1.pdf>. Acesso em: 29 nov. 2015.

MARTINE, G. A demografia na questão ecológica: falácias e dilemas reais. In: MARTINE, G. (Org.). **População, meio ambiente e desenvolvimento**: verdades e contradições. 2. ed. Campinas: Ed. da Unicamp, 1996. p. 9-20.

MASSEY, D. S. et al. Theories of International Migration: A Review and Appraisal. **Population and Development Review**, v. 19, n. 3, p. 431-466, set. 1993. Disponível em: <http://www2.dse.unibo.it/ardeni/papers_development/Massey.pdf>. Acesso em: 7 nov. 2015.

MATOS, R. População, recursos naturais e poder territorializado: uma perspectiva teórica supratemporal. **Revista Brasileira de Estudos de População**, v. 29, n. 2, p. 451-476, jul./dez. 2012. Disponível em: <http://www.scielo.br/pdf/rbepop/v29n2/a13v29n2.pdf>. Acesso em: 7 nov. 2015.

MENDONÇA, M. G.; CASTRO, J. Josué de Castro e o combate ao neomalthusianismo. In: SIMPÓSIO NACIONAL DE HISTÓRIA, 26., 2011, São Paulo. **Anais**... Disponível em: <http://www.snh2011.anpuh.org/conteudo/view?ID_CONTEUDO=775>. Acesso em: 28 dez. 2015.

MEYERSON, F. A. B.; SOUZA, R. M. de; WILLIAMS, J. S. Critical Links: Population, Health, and the Environment. **Population Bulletin**, v. 58, n. 3, se. 2003. Disponível em: <http://www.prb.org/Source/58.3CriticalLinksPHE_Eng.pdf>. Acesso em: 7 nov. 2015.

MIRÓ, C. A. Políticas de população na América Latina em meados de 1985: um panorama confuso. **Revista Brasileira de Estudos de População**, Campinas, v. 4, n. 1, jan./jun. 1987. Disponível em: <http://www.abep.nepo.unicamp.br/docs/rev_inf/vol4_n1_1987/vol4_n1_1987_3painel_Miro_87_94.pdf>. Acesso em: 7 nov. 2015.

MOREIRA, R. **Para onde vai o pensamento geográfico?** Por uma epistemologia crítica. São Paulo: Contexto, 2006.

NICOLET, C. **Space, Geography and Politics in the Early Roman**

Empire. Ann Arbor: University of Michigan Press, 1991.

OIM – Organización Internacional Para las Migraciones. **Derecho internacional sobre migración:** glosario sobre migración. 2006. Disponível em: <http://publications.iom.int/bookstore/free/IML_7_SP.pdf>. Acesso em: 7 nov. 2015.

OMS – Organização Mundial de Saúde. **Envelhecimento ativo:** uma política de saúde/World Health Organization. Tradução de Suzana Gontijo. Brasília: Organização Pan-Americana da Saúde, 2005. Disponível em: <http://bvsms.saude.gov.br/bvs/publicacoes/envelhecimento_ativo.pdf>. Acesso em: 7 nov. 2015.

OMS – Organização Mundial de Saúde. **World Health Statistics**. 2014. Disponível em: <http://www.who.int/gho/publications/world_health_statistics/2014/en/>. Acesso em: 20 dez. 2015.

PAIVA, O. C. Migrações internacionais pós-Segunda Guerra Mundial: a influência dos EUA no controle e gestão dos deslocamentos populacionais nas décadas de 1940 a 1960. In: ENCONTRO REGIONAL DE HISTÓRIA: PODER, VIOLÊNCIA E EXCLUSÃO, 19., 2008, São Paulo. **Anais**... São Paulo: ANPUH/SP, 2008.

PARANHOS, T.; SOARES, T. Brasília tem a segunda maior taxa de crescimento populacional entre capitais. **Correio Braziliense**, 29 ago. 2014. Disponível em: <http://www.correiobraziliense.com.br/app/noticia/cidades/2014/08/29/interna_cidadesdf,444634/brasilia-tem-segunda-maior-taxa-de-crescimento-populacional-entre-capitais.shtml>. Acesso em: 9 nov. 2015.

PENA, R. A. Transição demográfica. **Brasil Escola**. Disponível em <http://brasilescola.uol.com.br/geografia/transicao-demografica.htm>. Acesso em 16 de maio de 2016.

PIFFER, O. **Geografia no ensino médio**. São Paulo: Ibep, 2000.

PNUD – Programa das Nações Unidas para o Desenvolvimento. Disponível em: <http://www.pnud.org.br>. Acesso em: 7 nov. 2015a.

PNUD – Programa das Nações Unidas para o Desenvolvimento. **Doenças**. Disponível em: <http://www.objetivosdomilenio.org.br/doencas>. Acesso em: 18 nov. 2015b.

PNUD – Programa das Nações Unidas para o Desenvolvimento. **Gestantes**. Disponível em: <http://www.objetivosdomilenio.org.br/gestantes>. Acesso em: 18 nov. 2015c.

PNUD – Programa das Nações Unidas para o Desenvolvimento. **Longevidade**. 2014. Disponível em: <http://www.pnud.org.br/publicacoes/atlas_bh/release_longevidade.pdf>. Acesso em: 18 nov. 2015.

PNUD – Programa das Nações Unidas para o Desenvolvimento. **Mortalidade**. Disponível em: <http://www.objetivosdomilenio.org.br/mortalidade>. Acesso em: 18 nov. 2015d.

POR QUE A POPULAÇÃO mundial cresce tanto? Disponível em: <http://www.klickeducacao.com.br/materia/print/0,5920,POR-16-47-632-,00.html>. Acesso em: 9 maio 2016.

PORTAL DO PROFESSOR. **Teorias demográficas**: Malthus. 2011. Disponível em: <http://portaldoprofessor.mec.gov.br/fichaTecnicaAula.html?aula=27318>. Acesso em: 9 nov. 2015.

PRB – Population Reference Bureau. **World Population Data Sheet 2014**. 2014. Disponível em: <http://www.prb.org/pdf14/2014-world-population-data-sheet_eng.pdf>. Acesso em: 7 nov. 2015.

REVISTA ESCOLA. **Censo 2010**. Disponível em: <http://revistaescola.abril.com.br/img/geografia/censo-2010.gif>. Acesso em: 9 nov. 2015.

RIO GRANDE DO SUL. Secretaria do Planejamento, Mobilidade e Desenvolvimento Regional. **Atlas Socioeconômico do Rio Grande do Sul**. 2013. Disponível em: <http://www.atlassocioeconomico.rs.gov.br/>. Acesso em: 17 dez. 2015.

SANTOS, R. P. dos. **Os principais fatores do desmatamento na Amazônia (2002-2007)**: uma análise econométrica e espacial. Dissertação (Mestrado em Desenvolvimento Sustentável) – Universidade de Brasília, Brasília, 2010.

SCHEIDEL, W. **Population and Demography**. Stanford: Princeton/Stanford Working Papers in Classics, 2006. Disponível em: <https://www.princeton.edu/~pswpc/pdfs/scheidel/040604.pdf>. Acesso em: 14 fev. 2016.

SILVA, B. **Dicionário de ciências sociais**. Rio de Janeiro: Ed. da FGV, 1987.

SOUZA, A. P. L. de. **A interação entre o desenvolvimento econômico e a transição demográfica do Brasil no século XX**. 76 f. Dissertação (Mestrado em Economia) – Universidade Federal do Rio Grande do Sul, Porto Alegre, 2012. Disponível em: <http://www.lume.ufrgs.br/bitstream/handle/10183/70016/000873946.

pdf?sequence=1>. Acesso em: 7 nov. 2015.

STERN, D. I. The Rise and Fall of the Environmental Kuznets Curve. **World Development**, v. 32, n. 8, p. 1419-1439, 2004. Disponível em: <http://steadystate.org/wp-content/uploads/Stern_KuznetsCurve.pdf>. Acesso em: 29 nov. 2015.

SUDAM – Superintendência do Desenvolvimento da Amazônia. Disponível em: <http://www.sudam.gov.br/index.php/institucional?id=86>. Acesso em: 7 nov. 2015.

SUNTOO, R. Population Ageing and the Theory of Demographic Transition: the Case of Mauritius. **University of Mauritius Research Journal**, v. 18, 2012. Disponível em: <http://www.ajol.info/index.php/umrj/article/viewFile/73847/64527>. Acesso em: 7 nov. 2015.

SYDENSTRICKER-NETO, J. Population and Environment in Amazônia: from Just the Numbers to What Really Counts. In: BERQUÓ, E.; COSTA, H. S. M.; HOGAN, D. J. **Population and Environment in Brazil**. Campinas: CNPD/Abep/ Nepo, 2002. p. 55-76.

TEITELBAUM, M. S.; WEINER, M. **Political Demography, Demographic Engineering**. New York: Berghahn Books, 2001.

THE HUMAN JOURNEY. Disponível em: <http://www.humanjourney.us/images/populationMap.jpg>. Acesso em: 9 mar. 2016.

UDOP – União dos produtores de bioenergia. **Seca no Sudeste atinge 133 cidades e já afeta economia**. 3 nov. 2014. Disponível: <http://www.udop.com.br/index.php?item=noticias&cod=1119167>. Acesso em: 28 dez. 2015.

UNEP – United Nations Environment Programme. **Year Book 2013**: Emerging Issues in our Global Environment. 2013. Disponível em: <http://www.unep.org/pdf/uyb_2013.pdf>. Acesso em: 29 nov. 2015.

UNFPA – United Nations Population Fund. **Relatório sobre a situação da população mundial**. 2011. Disponível em: <http://www.un.cv/files/PT-SWOP11-WEB.pdf>. Acesso em: 18 dez.2015.

UNITED NATIONS. Department of Economic and Social Affairs. **World Population Prospects**: The 2015 Revision – Key Findings and Advance Tables. New York: United Nations, 2015. Disponível em: <http://esa.un.org/unpd/wpp/publications/files/key_findings_wpp_2015.pdf>. Acesso em: 9 mar. 2016.

UNITED NATIONS. Department of Economic and Social Affairs. **Population, Environment and Development:** The Concise Report. 2001. Disponível em: <http://www.un.org/esa/population/publications/concise2001/C2001English.pdf>. Acesso em: 7 nov. 2015.

VERRIÉRE, J. **As políticas de população.** 2. ed. Rio de Janeiro: Bertrand Brasil, 1991.

VIANA, N. A teoria da população em Marx. **Boletim Goiano de Geografia,** v. 26, n. 2, p. 87-102, 2006.

VORMITTAG, E. M. P. A. A. Mudanças climáticas e saúde. **Interfacehs – Revista de Saúde, Meio Ambiente e Sustentabilidade,** v. 6, n. 2, p. 73-80, 2011. Disponível em: <http://www.revistas.sp.senac.br/index.php/ITF/article/viewFile/198/194>. Acesso em: 7 nov. 2015.

WANG, J. **O problema da demografia chinesa.** 134 f. Dissertação (Mestrado em Relações Internacionais) – Universidade de Lisboa, Lisboa, 2011. Disponível em: <https://www.repository.utl.pt/bitstream/10400.5/3818/1/o%20problema%20da%20demografia%20chinesa.pdf>. Acesso em: 7 nov. 2015.

WELTI, C. **Demografia I.** Santiago de Chile: Celade, 1998.

WHO. **The World Health Report 2008:** Primary Health Care Now More than Ever. 2008. Disponível em: <http://www.who.int/whr/2008/whr08_pr.pdf>. Acesso: 20 dez. 2015.

WORLD BANK. **Food Security.** 2014a. Disponível em: <http://www.worldbank.org/en/topic/foodsecurity/overview#1>. Acesso em: 7 nov. 2015.

WORLD BANK. **Water Supply.** 2014b. Disponível em: <http://www.worldbank.org/en/topic/watersupply/overview#1>. Acesso em: 7 nov. 2015.

Bibliografia comentada

MARTINE, G. **População, meio ambiente e desenvolvimento**: verdades e contradições. 2. ed. Campinas: Ed. da Unicamp, 1996.

A obra organizada pelo professor doutor George Martine apresenta resultados de pesquisas da Associação Brasileira de Estudos Populacionais (Abep). Os pesquisadores da Abep vêm se destacando por apresentarem pesquisas que evidenciam questões populacionais e ambientais com a intenção de preencher as lacunas desse ramo da ciência. Em seus trabalhos, os autores apresentam questões sobre as mais variadas escalas espaciais, relacionando economia, desenvolvimento, meio ambiente, saúde e população, na busca por compreender essas dinâmicas. Nessa obra em especial, são retratadas questões globais sobre as dinâmicas populacionais e sobre a questão ambiental. Na escala nacional, são apresentados fatos pontuais sobre a questão da Amazônia, das políticas ambientais, dos conflitos e da construção de hidrelétricas, entre outros. Pensando nessas características da obra, sugerimos sua leitura como contribuição para discussões e estudos populacionais.

HOGAN, D. J.; MARANDOLA JUNIOR, E. **População e mudanças climáticas**: dimensões humanas das mudanças ambientais globais. Campinas: Nepo/Unicamp; Brasília: UNFPA, 2009.

Trata-se de uma obra que é resultado de pesquisas publicadas pelo Núcleo de Estudos de População (Nepo) da Unicamp. Esse grupo desenvolve pesquisas demográficas e de população com caráter inter/multidisciplinar. Nessa obra, tratando de mudanças climáticas, são apresentados, inicialmente, elementos teóricos-metodológicos sobre a temática, discutindo, por exemplo, o conceito de vulnerabilidade socioambiental. *Posteriormente, são discutidos assuntos mais pontuais, como a relação entre população e consumo. Na última parte do livro, são apresentados artigos com a temática da urbanização, levando em consideração questões socioambientais. Indicamos também essa obra para acrescentar conhecimentos sobre as dinâmicas climáticas e sua interferência em determinados locais.*

Respostas

Capítulo I

Atividades de autoavaliação

1. b

2. d

3. d

4. b

5. a

Atividades de aprendizagem
Questões para reflexão

1. Orientação: o objetivo com esta questão é fazer o aluno refletir a importância desta disciplina em seu espaço de vivência, na sociedade em que está inserido, com relação às práticas docentes.

2. Durante o século XX, houve uma mudança no conceito de *mortalidade* devido ao grande avanço técnico-científico nas sociedades, como a melhoria nos tipos de moradia, a criação de vacinas e medicamentos, como anti-inflamatórios e antibióticos, melhoria nos exames diagnósticos, bem como no conhecimento aprofundado de doenças seculares e a descoberta de novas doenças, entre outros fatores. Essas mudanças levaram a um novo padrão na mortalidade humana, pois, com tantos

avanços, passamos a viver mais e a buscar padrões sociais cada vez mais complexos.

Atividade aplicada: prática

1. Faça um levantamento em alguns artigos científicos produzidos na atualidade, analise os conteúdos e busque quais conceitos vistos neste capítulo são encontrados nos artigos que você pesquisou, como são abordados e que relevância essas pesquisas apresentam para a sociedade.

Capítulo 2

Atividades de autoavaliação

1. a
2. d
3. b
4. c
5. d

Atividades de aprendizagem
Questões para reflexão

1. Muitos pesquisadores apontam um panorama futuro para o país, com mais idosos e a redução de jovens, o que dificultará o sustento dos aposentados. Esse é um tema que envolve a todos e que deve ser refletido pelo estudante. Observamos, ao longo deste capítulo, o processo de transição demográfica no mundo e no Brasil. Esse processo traz inúmeras consequências, como sociedades com baixas taxas de natalidade e fecundidade, aumento da expectativa de vida, entre outras. Ao pensar

em expectativa de vida, devemos refletir sobre quais são as mudanças socioeconômicas que ocorrem com este fenômeno e como, numa projeção futura, nosso país se sustentará com o aumento de idosos e com poucas crianças. A proposta é que, ao investigar nos meios de comunicação, um panorama seja construído sobre essa temática.

2. Com base na análise da evolução do crescimento populacional do Brasil, pode-se perceber um aumento expressivo da expectativa de vida dos brasileiros; em contrapartida, tem-se a diminuição do número de nascimentos. Assim, podemos justificar essa situação pelo nível de escolarização cada vez maior, bem como pelo planejamento familiar. Esses fatores interferem nas taxas populacionais. Portanto, em uma população com mulheres mais instruídas, as taxas de mortalidade materna e infantil diminuem em virtude dos cuidados tomados e a maternidade é, muitas vezes, adiada, ações que permitem que as famílias tenham uma longevidade maior. No entanto, com a diminuição do número de jovens e com o envelhecimento da população, a longo prazo teremos falta de mão de obra no mercado, assim como os anos trabalhados se estenderão, entre outras consequências.

Atividade aplicada: prática

1. No *site* do IBGE podemos fazer um passeio pela dinâmica populacional do nosso país e analisar como era o passado, como as alterações foram acontecendo durante o século XX e após esse período e, por fim, as projeções futuras. Aproveite este exercício e verifique como é a dinâmica da população em sua região. Realize trocas com seus pares.

Capítulo 3

Atividades de autoavaliação

1. a

2. d

3. d

4. c

5. a

Atividades de aprendizagem
Questões para reflexão

1. Resposta pessoal. É interessante, por exemplo, falar sobre casos apresentados pelas mídias.

2. A política centralizada é elaborada e disposta pelo Estado, enquanto na política descentralizada a população participa da elaboração e das ações. O exemplo é pessoal.

Atividades aplicadas: prática

1. A questão não possui resposta exata, pois trata-se de uma ferramenta que o aluno pode manipular na internet. A intenção da atividade é que o aluno possa conhecer e comparar estatísticas mundiais e regionais de dados populacionais de maneira dinâmica.

2. O objetivo da atividade é conhecer as leis relativas à população e contextualizá-las de acordo com as datas e os assuntos tratados neste obra.

Capítulo 4

Atividades de autoavaliação

1. d

2. b

3. b

4. d

5. c

Atividades de aprendizagem
Questões para reflexão

1. A intenção é que o aluno conheça como se configuram as migrações contemporâneas no território nacional. O resumo do Censo do IBGE permite buscar, por exemplo, informações por localidade sobre a origem dos residentes, o que possibilita ao aluno conhecer minimamente a configuração de sua cidade, a relação dos nascidos ali e dos que vieram de outra cidade, outra unidade federativa ou outro país.

2. Exemplo de resposta: o baixo desenvolvimento econômico e social do Haiti contribuiu significativamente para a saída de parte da população do país após o desastre natural. Isso ocorre porque a recuperação de um país cujos recursos econômicos são escassos é mais demorada; sendo assim, não há garantia de empregos para a população e, em muitos casos, não há garantia de necessidades básicas para a sobrevivência, como alimentação e saneamento.

Atividade aplicada: prática

1. O filme trata da história de uma adolescente mexicana que migra para os Estados Unidos ilegalmente em busca de emprego e melhor qualidade de vida. Ela é auxiliada por um grupo de pessoas sediadas no México e nos Estados Unidos, que lhe proporcionam alimento e estadia durante a viagem. A intenção da questão é que o aluno, além de identificar os fatores que fizeram a adolescente mudar de país, também identifique o grupo de pessoas como uma rede migratória, conforme os conceitos apresentados no capítulo.

Capítulo 5

Atividades de autoavaliação

1. d
2. d
3. c
4. d
5. a

Atividades de aprendizagem
Questões para reflexão

1. Discutimos e apresentamos vários argumentos sobre as questões populacionais e ambientais, evidenciando a necessidade desses estudos e o avanço nessas discussões. Espera-se que o aluno apresente argumentos sobre a formação do geógrafo e o papel da ciência nesses estudos, com base nos temas apresentados.

2. Tendo como base a escala nacional de aplicação desta obra, o objetivo desta questão é levá-lo a refletir sobre o ambiente de seu convívio com a finalidade de relacionar fatos que ocorrem diariamente – como problemas com lixo doméstico e criação de aterros, saneamento básico, excesso de circulação de veículos e trânsito deficiente, acesso à água potável, estiagem, poluição do ar, entre outros –, de modo a estimular um olhar crítico sobre os fatos ao seu redor.

Atividade aplicada: prática

1. Nesta questão, espera-se que você possa refletir sobre sua cidade e sugerir algum estudo de caso utilizando a fórmula exposta, seja fictício ou não, mas que faça sentido e que realce o papel da pesquisa na compreensão de cenários de degradação ambiental.

Sobre os autores

Wiviany Mattozo de Araujo é doutora em Geografia pela Universidade Federal do Paraná (UFPR). Atua como docente em diferentes níveis de ensino e acredita que a educação é transformadora. Desenvolve trabalhos de assessoria e formação pedagógica, nos quais implementa, avalia, coordena e planeja o desenvolvimento de projetos pedagógicos no ensino presencial e EaD, usando metodologias e técnicas para facilitar o processo de ensino e aprendizagem. Suas principais linhas de pesquisa são as políticas públicas em saúde e clima, a geografia da população, o ensino de geografia, a metodologia de ensino para crianças pequenas e a inclusão.

Bruna Daniela de Araujo Taveira é geógrafa com doutorado em Geografia pela Universidade Federal do Paraná (UFPR) e tem experiência como docente, autora, editora e produtora de material didático para os segmentos do ensino básico e ensino superior. Atualmente, trabalha no ramo editorial com foco na área de humanidades para o ensino fundamental e médio e atua como consultora independente em projetos de gestão ambiental e de recursos hídricos.

Thiago Kich Fogaça é professor, autor e editor de conteúdos da área de humanidades, com ênfase em Geografia. É doutor em Geografia pela Universidade Federal do Paraná (UFPR) e licenciado em Geografia pela Universidade Estadual do Oeste do Paraná (Unioeste). Atualmente, é pesquisador no Laboratório de Climatologia do Departamento de Geografia da UFPR. Tem experiência em pesquisa científica desde o início de sua carreira, na qual se dedicou à iniciação científica em estudos da geografia física, como Hidrogeografia e Climatologia. Foi assistente de laboratório de fotointerpretação do Departamento de Geografia da Unioeste – campus de Marechal Cândido Rondon (PR) – e monitor da disciplina de Cartografia Geral durante três anos consecutivos nessa mesma instituição. Atua principalmente nas seguintes áreas: geografia da saúde, clima e saúde, climatologia, ensino de geografia, políticas públicas, meio ambiente e metodologia de pesquisa.

Impressão:
Novembro/2023